はじめに

こんにちは。

太田啓子といいます。神奈川県で弁護士をしています。

弁護士というのは、世の中にあるいろいろなトラブルについて当事者からご相談を受けて、法律を使って解決するお手伝いをする仕事です。

ひと口に弁護士といっても、人によって日常的に扱う仕事はだいぶ違うのですが、私の場合、いまは離婚事件の扱いがいちばん多いです。女性の離婚専門というわけではありませんが、まだ女性の弁護士は多くはないので（全弁護士の2割弱ほど）、女性弁護士を希望するご依頼が集中し、結果的に依頼者の7～8割が女性となっています。

また、セクシャルハラスメントや性暴力被害に遭った方の代理人の仕事も、他の弁護士と比べると多いと思います。ハラスメントについては、大学などの組織からの依頼で、第三者的な立場でハラスメント被害の申告を聞き、事実関係を調査するような仕事をすることもあります。

また、「憲法カフェ」（出張憲法勉強会）などの講師としての講演活動もしています。

私生活では、小学6年生と3年生の2人の息子を育てる母親でもあります。ちなみに、彼らの父親とは離婚をしており、いわゆるシングルマザーです。完全ワンオペ育児歴は、今年でほぼ8年になります。

息子たちの生活や勉強の面倒をみながら弁護士業務もする毎日は、楽しいながらもけっこう壮絶です。まして、これを書いている現在は、新型コロナウイルスの流行にともなう一斉休校で、常に家に息子たちがいます。暇とエネルギーを持てあました彼らは、すぐに兄弟げんかを始めます。そんな息子たちをなだめたり叱ったりしながら、三食の世話をし、健康を管理し、勉強もさせようとすると、とても時間が足りず、毎日が嵐のようです。

そんな中で日々感じているのが、**「男の子の子育ては、女の子の子育てとは違うな」**ということです。

私はなぜか子どものころから「女らしさ」「男らしさ」の押しつけには反発があり、「女の子だから」「男の子だから」という理由で違う扱いをしてはいけない、と思ってきました。たとえば「女の子にはそんなに勉強を頑張らせなくても、人から愛されるように育ってくれればいい」とか、「女の子だから数学は苦手で」「うちの子は男のくせに引っ込み思案で」のような言い方には、いまでも引っかかりを覚え、「そういうの違うと思います！」「性別だけで決めつけるのは、子どもの可能性を邪魔してしまうんじゃないでしょうか！」と言いたくなってしまいます。

だから、本屋さんでよく見る「男の子の育て方」のような性別で分けるタイトルの本にも、反射的に身構える人生を送ってきました。それなのに、なぜわざわざ「男の子の育て方」をテーマにした本を書こうと思ったのか、ということをこれから書こうと思います。

私自身は3人姉妹の長女で、同居家族の中で男性は父親だけという環境で育ちました。父は海外出張も多い忙しい会社員で、母は主婦でした。夏休みなどによく遊んでいた同年代のいとこも3姉妹。男きょうだいがいない私には、「男の子」が成長する過程を身近で見る機会は少なかったのです。もちろん、学校などで男子と遊んだりというつきあいはありましたが、多くはありませんでした。

そんな私が、32歳で長男、35歳で次男を授かって男の子2人の親になり、「男の子の育ち方」という、それまで縁がなかったテーマに日々直面することになりました。

ママ友と話していると、もちろん個人差はあるのですが、母親自身に男きょうだいがいたかどうかは、男の子の育ち方についての情報量にけっこうな差をもたらすものだと感じています。兄や弟がいる女友達は「お兄ちゃんはこうだった」「弟はこうしていた」「男の子ってこういう遊びをするよね」などと話すのですが（ちなみに、娘である自分と、息子である兄や弟に対して親の態度が違ったという愚痴や嘆きを聞くこともよくあります）、私にはそういうことがありません。

そういうこともあって、私は、息子たちの行動を見ながら、自分の子ども時代とあまりに違う「男の子の生態」に驚いたり、「男の子って世の中からこういう扱いなの？」と違和感を覚えたりしやすいのかもしれません。

「男の子の生態」と書きましたが、人間の行動や考え方が、生まれついた性別に基づいて（たとえば遺伝子とか脳の構造といったレベルで）決まっているわけではありません。

性別による大きな傾向があるかもしれないことまで否定するつもりはありませんが、たとえば「男脳・女脳」などという言葉を使って、男女の行動や考え方の違いを脳の性差で説明しようとすることは、科学的根拠に欠けていると思います。このような説明は「ニューロセクシズム（神経性差別主義）」とよばれ、近年学術界でも問題視されているそうです。

むしろ、息子たちを見ていて感じるのは、周囲の大人やメディアの情報を通じて「学び」、外から「刷り込まれ」、彼らの内面に無意識に根差すようになるものが、かなり大きいのではないかということです。

フランスの作家シモーヌ・ド・ボーヴォワールの「人は女に生まれるのではない、女になるのだ」という有名な言葉があります。私自身、自分の女性としての生きづらさを人生の折々に感じるとき、この言葉を思い浮かべたりするのですが、新生児だったころからの息子たちの成長を身近で見ていると、男の子もまた「男に生まれたというよりも、〝男になる〟のだな」という気がしてくるのです。

子育てをするなかで、人間というのはほんとうに、ごく幼いうちから社会の中で生きる「社会的存在」なのだとつくづく感じます。当然のことではあるのですが、よちよち歩きのころからそうなのだということは、子どもが生まれて日々一緒に暮らすようになるまで、私にはあまりピンときていませんでした。絵本やマンガからテレビから、保育園や幼稚園の友達や先生から……子どもはほんとうに幼いうちから、親や家庭以外からもいろいろな影響を受けながら育っていくものなのですね。

そして、そうした社会からのメッセージは、「女の子」に対するものと「男の子」に対するものでは明らかに異なっています。たとえばテレビのおもちゃのコマーシャルを見れば、どんな商品が「女の子向け」「男の子向け」としてアピールされているかは一目瞭然です。赤ちゃん人形のテレビCMは、女の子がその人形を使って「お母さんごっこ」をしているようすとともに「あたしのかわいい妹」と女の子の声でナレーションが入るなど、明白に女の子をターゲットにしています。もちろん、それを見ても興味をもたない女の子もいれば、「僕もあれがほしい」という男の子もいるでしょうが、しかしこういうことが世の中に積もり積もれば、その集積として、社会が発する「女の子向け」「男の子向け」のメッセージに違いが生まれることは明らかだと思います。

このような違いは、程度の差こそあれ、女の子と男の子の価値観や感受性の形成にもかかわるだろうと感じます。実際、メディアにおいてどのように女性性や男性性が描かれ、そのイメージが構築されているのかを分析した学術研究は数多くあります。

息子たちとの毎日の中で、社会が彼らに投げかけてくるメッセージを感じると、たとえ親が家庭で「女らしさ」「男らしさ」を押しつけるようなことはしなくても、子どもは社会から発せられる性差別的な価値観や行動パターンを身につけてしまうのではないか、と真剣に考えるようになりました。

これは女の子についてももちろん同様なのですが、性差別構造においてマイノリティ属性である女の子と、マジョリティ属性である男の子では、そのあらわれ方も違うのだから、子育てにおいて意識すべきことも違うのはむしろ当然だと、いつしか感じるようになったのです。

これまで弁護士としてかかわってきたDV離婚事案やハラスメント事案での男性の言動や、報道される性暴力事件の加害者の行動を見ると、自分の行動を反省するどころか、開き直って被害者を非難するような態度を見ることがあまりに多いと感じます。

そのような男性たちの言動を見ていると、どうしてこの男性はこのような性差別的な考え方を身につけてしまったのか……と思う一方、中年や初老になってそのようなふるまいを改められない男性に、根本的な考え方を変えさせることはもはや難しいのではないか、と感じざるをえません。加害者が変われることを信じたい気持ちはありますが、それを説得や教育でうながすには、途方もない労力と時間がかかるのでは、と思ってしまいます。

むしろ、彼らを反面教師として、これから成人する男の子たちがそうならないためには、どういうことに気をつけて子育てする必要があるのかを、まさに男の子を育てる私自身が緊急に考えなくてはいけないのではないか——。そんなふうに考えるようになりました。

そんな問題意識をもつひとりの母親として、日々の試行錯誤を書きとめ、また「男の子問題」に共通の関心をよせる方々にもお話をうかがいながら書いたのがこの本です。

「男の子の育ち方」に関心をよせるお母さんやお父さん、子どもの将来を思うさまざまな立場の大人の皆さんと、「社会から性差別をなくすために、男の子の育て方こそが大切じゃないの？」というテーマを考えるきっかけになったらと思います。

また、これから大人になっていく男の子たち自身が、性差別や性暴力という問題に、自分が当事者としてどうかかわっていくかを考える入り口にもなれば、とても嬉しいです。

これからの男の子たちへ　目次

はじめに……3

第1章　男の子の日常にかかるジェンダーバイアスの膜

子育ての中で日々感じるジェンダーバイアス……17
親から子どもへのジェンダーバイアス問題……19
「有害な男らしさ」とは……21
男の子の子育てで引っかかる三大問題……24
「男子ってバカだよね」問題……24
「カンチョー放置」問題……28
スカートめくりはなぜ激減したか？……31
「男の子の意地悪は好意の裏返し」問題……33

第2章　男の子にかけられる呪い

男性学が問うもの――「壊れてないなら直すなよ」？……38
「ホモソーシャルな絆」の支配力……41

幼児期から始まる男子の権力抗争……46
カンチガイ男子のまま大人になってしまった人たち……49
バレンタインデーの罪深さ……52
「モテない」悩みをこじらせる前に……54
「インセル」による暴力……56
セックスの人数と「モテ」を混同するカンチガイ……60
「男の人を気持ちよくさせる」女子がモテる？……62
女の子に伝えたいこと……65

清田隆之さんに聞く「男子って、どうしてああなんでしょうか？」……69

第3章 セックスする前に男子に知っておいてほしいこと
日本の子どもにも「包括的性教育」を……106
性教育がタブー視されてきたわけ……108
ポルノを見るとき気をつけてほしいこと……110
コミュニケーションをきちんと描く女性向けのＡＶ……113

避妊は何があっても省いてはダメ……116
「性的関係への同意」の意味を理解する……119
「嫌だったら言って」と言えるようになるまではセックスしない……121
セックスにともなう責任の大きさを理解する……123
セックスは権利でも義務でもないし、通過儀礼でもない……124
星野俊樹さんに聞く「多様性が尊重される教室をつくるには?」……129

第4章 セクハラ・性暴力について男子にどう教える?

なぜセクハラや性暴力について教える必要があるのか……156
セクハラ・性暴力とはどのような行為か……158
なぜ、男子に伝える必要があるのか……160
性暴力の加害者の圧倒的多数は男性……161
加害者たちの認知の歪みの根深さ……165
「セクハラ加害者にさせない」ための教育には何が必要?……166
性暴力がどれだけ人を傷つけるかを伝えるには……167

性暴力被害の重さを想像できない男性たち……169
レイプ・カルチャーとは何か……172
現実の性暴力を「エロネタ」扱いする人々……174
痴漢被害者に気づかない、気づいても助けない大人たち……178
男性による主体的な動き……180

第5章 カンチガイを生む表現を考える

「エロいことになってる」から「エロく」感じる……184
異性愛男性の性欲は特権的扱い……187
日常生活に入り込む性差別表現と性暴力表現……188
性差別的な描写の広告はなぜ炎上するのか……190
嫌がる表情を「エロい」と描くことの危うさ……191
現実とフィクションの区別ができていればいい？……193
しずかちゃんの入浴シーンは「ほほえましい」か？……196
「性表現」が悪いのではなく「性暴力を娯楽にする表現」が問題……200
メディアのあり方は変えることができる……202

小島慶子さんに聞く「母親として、息子・娘たちに何を伝えられますか?」……205

第6章 これからの男の子たちへ

自分の弱さを否定しなくていい……236
性暴力に関することを、笑いごとにしないでほしい……239
ホモソーシャルな同調圧力に抗える男性になってほしい……240
性的サービスをお金で買うことの意味を自分なりに考えてほしい……241
「男性であること」だけで「特権」があることを知ってほしい……245
「特権」をもつ側としての責任を行動で果たすこと……247
何もしないことは不正義に消極的に加担するということ……250
社会は変えられると知ってほしい……252
対等な関係性を築けるようになってほしい……254
「新しい常識」をつくって、一緒に社会を変えていきたい……256

あとがき……260

第1章
男の子の日常にかかるジェンダーバイアスの膜

「はじめに」で書いたように、私は2人の息子を育てるなかで「男の子の育ち方」に関心をもつようになりました。

日頃から「女らしさ」「男らしさ」をわが子に押しつけるようなことはしたくないと思っているので、息子を褒めるにしても叱るにしても、「さすが男の子だね」「男らしいね」とか「男の子なのにそんなの恥ずかしいでしょ」といった言い方をしたことは一回もありません。

何かにつけて、すぐにわんわん泣く息子に「泣くのはやめなさい」と言うことはありますが、そのときは「泣くだけでは相手に伝わりません。何が悲しいのか、言葉にして言ってごらん」「少し落ち着いて考えてみてごらん。そんなに泣くほど大変なことかな。泣く前にできることがあるんじゃないかな」などと言っています。

それがどれくらい有効なのか私もわかりませんし（もっといい声かけがあったら教えてほしいです）、その都度いろいろ理由を考え、どう言ったら子どもに伝わるか悩むので、面倒といえば面倒です。でも、「男は泣くな！」のひと言で終わらせてしまうと、長期的にはもっと面倒なことになるんじゃないか……と思っています。

子育ての中で日々感じるジェンダーバイアス

そういうことの甲斐《かい》があってなのか、現時点では、息子たちが「僕は男の子だからね」という言い方で何かを誇らしげに語ったり、友達のことを「男らしくない」と悪口を言ったりすることはありません。

2人とも活発で、外で友達と鬼ごっこが大好きという、いかにも「男の子らしい」という表現にあてはまるタイプですが、かわいいぬいぐるみが大好きでもあり、旅行に行くときは「記念のぬいぐるみをひとつだけ買っていい」ということにしています。それで、うちには熊本空港で買ったくまモンやディズニーランドで買ったプーさん、ソウルで買った謎の動物のぬいぐるみなどがごちゃごちゃとあって、ときどき2人でぬいぐるみにセリフをしゃべらせながら遊んでいたりもします。他方で、2人とも服を買うときは黒や青などの「男の子っぽい」色を選びたがりますし、友達とはベイブレードバーストやデュエルマスターのカードバトルといった「男の子っぽい」遊びをしています。いまは2人ともゲームのマインクラフトに夢中です。自分でやるだけでなく、マインクラフトの達人のようなユーチューバーの動画も熱心に見ています。という感じで、彼らも「男の子らしい」ものや遊びが好きだったりはするけれど、そういうものばかりでもないというのが現状です。親としては、そこまで心配しているわけではありませんが、引き続き、気になることはその都度伝えつつ、見守っていこうと思っています。

しかしやっぱり、男の子たちの日常は、ジェンダーバイアスのうっすらとした膜に囲まれているかのようです。

たとえば以前、たまにしか会わない親族が、わーわー泣いていた長男に「ほらほら、男の子でしょ！　おっとこっのこ！」と言いながらあやすのを見たときは「うわあ……」という思いでした。本人にまったく悪気はないのはわかるだけに、「すみません、そういう言い方はやめていただけますか」とは言いづらいですよね……。

最近も、息子たちが好きなゲームの実況動画で、人気ユーチューバーが「よーし、男ならここは行くっしょー！」と言っていたりして、ちょっとモヤモヤしました。

何気ないことではあるのですが、彼らの日常空間にそういうメッセージが入り込んでいると気づくことがしばしばです。ちなみに、そのときは私が「ごめんちょっと待って、いま『男なら』って聞こえたけど、そういうのお母さん気になるんだ」と言ったら、長男から「うんうんわかってるよ、何かいいことをするのに男だからとか女だからとか関係ないよってことでしょ、わかってるから見てるの邪魔しないで」と言われました。

こんなふうに、私がどれだけ性差別的でない接し方をと心がけていても、息子たちの日常にはいろいろな言葉やメッセージが入り込んでいます。彼らの日常生活は、常にうっすらとしたジェンダーバイアスの膜に囲まれているようで、その膜は薄くてとぎれそうなときもあれば、分厚く日常を圧迫してくるように感じられることもあります。

右にあげた例は単純な「男なら」というテンプレートの言説ですが、他にも女性の描き方や性暴力に結びつきかねない表現など、子どもがテレビやマンガなどのメディアから受け取るメッセージには気になることが多々あります。これについては5章で詳しく書きたいと思います。

親から子どもへのジェンダーバイアス問題

子育て中には、同世代の親のジェンダーバイアスがかかった発言が気になることも、ちょこちょこあります。

子どもが保育園のころ、お友達のお母さん（男女3人のお子さんのママ）が、教育費の高さを嘆くなかで「ほんとに子どもってお金かかるよねー、うちはもうお兄ちゃんに集中するわ。妹までまわしきれない」と言ったときには、凍るような思いになりました。「男の子だから」という理由で親が息子の教育に娘よりお金をかけるというのは、まぎれもない性差別です。冗談めいた口調でしたが、どうかあのお宅の娘さんが、親から差別的な扱いを受けたと傷つくことがないようにと願わずにいられません。息子さんも、「自分は男だから、妹よりお金をかけてもらっても当然だった」などと思うことがありませんように。仕事で相続などの親族間紛争を扱っていると、男性の「長男である自分は特別だ」という特権意識が露呈するのを見ることはけっこうあるので、そういう意識の萌芽《ほうが》にならないでほしいと願わずにいられません。

こんなこともありました。知り合いの男性弁護士に女の子が生まれ、そのことについて何人かの同業者と話していたとき、誰かが何気なく「娘さんも将来、弁護士をめざすかもね」と言ったら（親子とも弁護士というのはわりとあります）、父親になったその男性が「いやー、女性は弁護士とかならないほうが……」と言ったのです。女性弁護士を目の前によくそれを言ったね⁉という感じですが、女性は男性より一歩下がっていてほしいという性差別的なニュアンスを感じて複雑な思いでした。だからといって、将来娘さんがほんとうに弁護士をめざそうとしたときに反対するような人ではないとは思いますが、やはりモヤモヤした記憶です。

それから、「お母さんにとっては息子が断然かわいい」という言説もよく聞きます（逆に「父親にとって娘は特別な存在」みたいな言い方も）。おそらく、深く考えずさらっと言う人が多いのだと思いますが、けっこう問題ある言い方だよね……と思います。「母親は、息子がかわいくて仕方なく偏愛してしまうもの」「娘をかわいいというのと息子をかわいいというのは質が違う」みたいな言説は、ほんとうにそうなのでしょうか。

私には娘はいませんが、ほかのお宅の娘さんを見ていても、娘がいたらそれはそれで楽しくかわいく思っただろうと思います。実際、親子でも人間どうしですから、相性のようなものはあると思います。でも、少なくとも娘や息子が子どものときは、親はきょうだい間で愛情の違いを感じさせないように心がけるべきですし、まして「性別によってかわいさが違う」なんてことは、堂々と公言していいものではないはず。もしも内心「娘より息子のほうがかわいい」と思っていても、それをあたかも自然なことのように正当化するのはおかしいと思います。

「息子がバカなほど母親はかわいいって言うし」といった言説が無意識に内面化されることが、男の子の「有害な男らしさ」の萌芽になりかねない行為を放置してしまうことにつながるのではと気になっています。

「有害な男らしさ」とは

いきなり説明もなく「有害な男らしさ」という言葉を使ってしまいましたが、これは、1980年代にアメリカの心理学者が提唱した言葉です（英語ではToxic Masculinity）。社会の中で「男らしさ」として当然視、賞賛され、男性が無自覚のうちにそうなるように仕向けられる特性の中に、暴力や性差別的な言動につながったり、自分自身を大切にできなくさせたりする有害（toxic）な性質が埋め込まれている、という指摘を表現しています。

『男らしさの終焉』（グレイソン・ペリー著、フィルムアート社）という本に紹介されている、社会心理学者による「男性性の4要素」は、①「意気地なしはダメ」②「大物感」③「動じない強さ」④「ぶちのめせ」です。弱音を吐かず、社会的な成功と地位を積極的に追求し、危機的状況があっても動じずにたくましく切り抜け、攻撃的で暴力的な態度をとることも含めて、社会の中で「男らしさ」といわれている、という説明ですね。

弱音を吐かず、タフで勇敢なことは悪いことではないでしょうが、繊細で優しくおとなしい気質の男の子が、その個性を自分で否定的に感じてしまう弊害はないでしょうか。

たとえば「男なら出世をめざして当然」というように、社会的な成功に「男として」のポジティブな価値をおくという感覚は、いまの日本社会にもいまだ根強いでしょう。社会的な成功はいいことでしょうが、では、成功したといえるような状況にならなかったら「男としてダメ」なのでしょうか。また、自分は成功しても、成功していないほかの男性を見下げるような意識をもつことはよいことでしょうか。

危機的な状況に動じないことも、良い効果を生むこともある反面、痛みや恐怖といったネガティブな感情を過剰に抑え込むことには副作用もあります。弱みを開示できない「男らしさ」は、女性と比べて男性の自殺率が高い背景要因でもあるでしょう（厚生労働省の統計〔☆1〕によると、男性の自殺者数は女性の2・2倍です)。

社会で「男らしい」要素とされるものがすべて有害な行動に結びつくとは限らず、向上心や克己心の源になることもありますし、社会的に成功することも勇敢に行動することも、もちろん何も非難されることではありません。でも、良い面ばかりではなくネガティブな面もあるのではないか、ということへの着目が少なすぎたことの弊害が、男性の問題行動の遠因にあるのではないでしょうか。

「男らしさ」を良しとする価値観をインストールされた結果、競争の勝ち負けの結果でしか自分を肯定できなかったり、女性に対して「上」のポジションでいることにこだわりすぎて対等な関係性を築くことに失敗してしまったり、自分の中の不安や弱さを否定して心身の限界を超えて仕事に打ち込んでしまったり……といったことが、男性にはしばしば起こっているのではないか。私が離婚事案やハラスメント事案で見てきた男性の行動の背景には、そんなこともあったのではないかという気がします。

だからこそ、そのような「有害な男らしさ」が自分にも無自覚にインストールされてしまっていることを意識し、その悪影響から脱却することが男性には必要ではないでしょうか。

「有害な男らしさ」をめぐるそんな問いかけは、これから大人の男性に成長していく息子たちの幸せな人生を願う私には、とても大事で切実なものに聞こえます。

男の子の子育てで引っかかる三大問題

さて、およそ12年間、男の子の子育てをしてくるなかで、大人の言動としてよく見かけるけれど、もしかしたら「有害な男らしさ」のインストールにつながりかねず、やめたほうがいいのではないかと私が感じているものを「三大問題」としてまとめてみました。

ひとつめは、「男子ってバカだよね」問題。

ふたつめは、「カンチョー放置」問題。

みっつめは、「意地悪は好意の裏返し」問題。

それぞれ、順にご説明しましょう。

「男子ってバカだよね」問題

男の子を育てていると、ふるまいが乱暴だったり落ち着かない、大人が言うことをまったく聞かない、注意力散漫でしょっちゅう忘れ物をする、とにかく騒々しい……といった悩みを多くの親が口にします。いわゆる「男の子あるある」ですね。

「#アホ男子母死亡かるた」というハッシュタグでネット検索すると、男子の子育てに苦労する母親たちの叫びや嘆きがコミカルに投稿されています。たとえば「【し】宿題は毎朝起きてやるもの」「【べ】弁当箱を持って帰らない」「【ほ】ポケットにいつもどんぐり」など。読むと、あまりの「あるある！」ぶりに笑ってしまいますし、うんうんと頷《うなず》き「こんなこと恥ずかしすぎて誰にも言えないと思っていたけど、よその家でもそうなんだ」と、ささやかな安心感を得ることはあります。一種の自虐ネタのようなノリで、子育てのほほえましい話題で盛り上がれるテーマであることは否定しません。ただ、気になることがふたつあります。

ひとつめは、ほんとうに「男子あるある」なのかということ。実は性別関係なく、「子どもあるある」なのではないか？という疑問です。私自身、子ども時代はよく弁当箱を学校に忘れていましたし、学校の準備をきちんと前日にやるような子どもでもありませんでした。

「女の子のほうが精神的成長が早くて、同年齢の男の子よりも大人びている」というのは子育てでよく聞く言説です。大きな傾向としては、そういうこともあるのかもしれません。

息子の友達の女の子が、おしゃまなことを言うので笑ってしまったことを思い出します。その子が息子にお菓子をくれた後、母親のような口調で私に「さっき○○君（私の息子）にこのお菓子あげちゃったんだけど、よかった？　ごめんね、はじめにママに聞かなくて」と言ったのです。見た目の幼さとのギャップがおかしくて、つい噴き出してしまいました。

ですが、そういう言説が世間一般にあるから、女の子のおしゃまな行動を見ると「やっぱり女の子は大人びてるね」と、もともと知っている言説の実例として捉え、その思い込みが強化される、という、逆の因果関係もありえそうな気がします。

女の子を育てているママ友からは、「女の子だって乱暴だしバカなこともいろいろするよ。毎日叱ってばかりだよ……」とも聞きます。同じような行動でも、男の子がすると「ほんっとに男子はバカだよねー」と笑われるのに、女の子だと「女の子でもこういうことするんだね、おもしろいねー」と大人が反応してしまっている、ということはないでしょうか。

幼くて笑ってしまうような子どもの行動に対して、性別によって周囲の受けとめ方が違うというのは果たして好ましいのかということに、大人は注意したほうがいい気がします。言葉ではっきり「女の子がそんなことするなんて行儀が悪いよ！」とまで言わなくても、無自覚のうちに一定方向に誘導するような言動を大人自身がしているかもしれません。大人のそういう受けとめをわかっているから、女の子のほうが早く大人びた態度をとりはじめる、ということもあるのではないかという気もします。「男子あるある」的な行動も同じように、大人の態度と男子の行動のどちらが先か、ニワトリと卵問題のようなものである可能性はないでしょうか。

「おバカ男子」問題で気になることのふたつめは、ほんとうにそれが「男子あるある」かもしれないとしても、そこで「おバカ」と笑い飛ばされる行動に、他者への暴力的なふるまいの萌芽があった場合でも「男子にはよくあること」として済ませてしまっていないか、ということです。ほんとうは正面から向きあって厳しく叱るべき行動なのに、そして、女の子が同じことをしたら決して看過されないのに、「男の子はそんなもんだよ」「男子はどうせ言っても聞かないよ」「やんちゃだねー」と許容してしまっていることが、けっこうあるのではないか。そして、それは男の子の育ち方において、もしかすると大きな問題を含んでいるのではないか、と感じます。

また、私は発達障害のことにはまったく専門知識はないのですが、離婚案件の中で、親あるいは子どもに発達障害があるというケースを見ることはよくあり、関心をもっています。たとえば「落ち着きがない」「片づけができない」というような子の中には、ADHDなど発達障害をかかえている子がいる可能性もあります。「男の子ってそういうものだから」で流してしまうと、なかには軽度の発達障害があるのに気づくのが遅くなってしまう、ということもないだろうか、と少し気になっています。

私自身、何度言っても同じことをくりかえす息子たちを前に、「もういいか、注意しなくても……」とあきらめたい誘惑には常にかられています。そういうときに「男の子はそんなもんだよ」という言葉は、もうあきらめて放り出したいという気持ちを正当化してくれます。

日々の子育ての中で、正しさばかりを追求できないのは仕方ないことですし、実際、ほんとうに些末《さまつ》なことはほうっておいてもいいのでしょう。ただ、「男子あるある」で流しがちなことの中に、ほんとうは受け流してはいけないものが混じっていないかと、立ち止まって考えるべき場面もあるのではと思います。なぜかというと、そうやって「男の子は仕方ないよねー」で流してしまったことの積み重ねが、大人になってからの男性たちが他人や自分自身の痛みに気づけない鈍感さ、まさに「有害な男らしさ」の遠因になっているかもしれないからです。

「カンチョー放置」問題

「男子あるある」の中に他者への暴力の萌芽があるかもしれない、という問題提起の中で念頭にあったことのひとつに、「カンチョー」があります。ある程度の年齢の男子のあいだで、ことあるごとに「カンチョー」（背後から、他人の肛門付近を指で刺したり、刺すふりをすること）してふざけることってありますよね。私はこれが軽視・放置されているのがとても気になります。

私の息子たちの場合、文字通り指を肛門に刺すのを見たことはないですが、じゃれあいのような兄弟げんかの中で、お尻あたりを蹴ったり叩いたりするようなときに「カンチョー!!」と発声していました。マンガやアニメで出てくるので、その真似をしてきゃっきゃと笑いながらやっていたのですが、しかし私は「カンチョー」を「おもしろい悪ふざけ」と認知させたくないのです。相手によってはほんとうに苦痛に思うかもしれないし、やり方によっては実際に身体的に傷つける可能性もあるので、私はその都度厳しく注意していました（それでも、なぜだかくりかえされていたのですが……）。

息子たちも私に注意されるのはわかっていて、どちらかが他方のお尻付近を叩くなどするとその「ママ！　○○（相手の名前）がカンチョーしてきたー！」と言いつけにきたりしました。そのたびに、うんざりしながら「前も言ったと思うけど、ほかの人の体は、その人が嫌だと思うような触り方をしちゃいけないの。とくにお尻とかちんちんとかの水着で見えなくなるところは、プライベートゾーンっていって自分だけの大事な場所だから注意が必要なの。そこを叩いたり触ったりすることを冗談や遊びにしてはいけないの。ひとの体を大切に扱うっていうのはそういうことなの」と話しました。そのときは絶対に笑った顔は見せず、真剣な顔で懇々《こんこん》と話し、その甲斐あってか最近はしませんが、やめさせるのには時間がかかりました……。

「カンチョー」は日本独特の「悪ふざけ」ということになっていますが、これを「悪ふざけ」と位置づけること自体が、この悪質な行為の矮小化《わいしょうか》だと私は思います。

大げさだと思う人のほうが多いでしょうか。

私は10代のころ、知り合いの小学生の男の子にいきなり背後から「カンチョー」と強く肛門付近を指で突き刺されたことがあり、そのときの不快感と嫌悪感は、長く経ったいまも相当強く記憶に残っています。あれはやはり性被害だったとしか思えません。

日本で科学的な性教育を提唱し実践されてきた先駆者のひとりである村瀬幸浩さん（元一橋大学講師）も、「カンチョー」は「性的虐待だ」とご著書に書かれています（☆2）。「カンチョー」が性暴力だなどというと大げさに感じられるかもしれませんが、肛門への物理的な接触ですから、状況によっては最悪だと強制わいせつ罪、そこまでいかなくても民事上の責任を問われる可能性がある行為です。乱暴な刺し方をしたら、肛門部付近に怪我を負わせることだってありうるでしょう。した側は「悪ふざけ」のつもりでも、された側にはかなり強い性的な不快感とショックがあり、暴力以外の何ものでもないと思います。

2018年7月、茨城県の34歳の男性が、エアコンプレッサー（圧縮空気を噴出する機械）を同僚男性の肛門に噴きつけ、肺損傷により死亡させるという事件が起きました。このような死傷事件は他にも何件か起きているそうです（☆3）。この男性は「悪ふざけしていた。死ぬとは思わなかった」と述べたと報じられていますが、肛門への乱暴な接触を「悪ふざけ」と捉える感性が、文字通り死を招いた実例です。

人の体の傷つきやすい部分を粗暴に扱うことを「悪ふざけ」としておもしろがる行いは、他者の体と人格を尊重する感覚とは遠く離れたものとして、大人が介入して教えていくべきだと思います。

スカートめくりはなぜ激減したか？

それでも、「いちいち目くじら立てるようなことかな」とか「なくすと言ったって無理なんじゃない？」「大人になったらしなくなるのだから、子ども特有の悪ふざけとして目をつぶればいいんじゃないか」という反論もあるかもしれません。

同じように「男子がよくやる悪ふざけ」という文脈に位置づけられていた行為として、かつては「スカートめくり」がありました。私たちの世代が小学生のころには、ほんとうに教室で「スカートめくり」をする男子がいたのです。私の体感でしかありませんが、私の小学生時代と比べると、いまは悪ふざけとしてスカートめくりをする小学生は相当減ったでしょう。私の息子やその周辺でも耳に入ったことはありません。仮にやったら大きな問題になるはずです。

女の子のスカートをめくって下着を見ることは、カンチョー以上に性的な意味がはっきりした、明らかな性暴力の一種です。ほんとうに、なぜこんなことが「男子のやんちゃないたずら」のような扱いで許容されていたのか。いまから振り返れば疑問です。

過去形で語りましたが、つい最近もテレビ番組で、タレントの亀梨和也さんが「子どものころにめちゃくちゃスカートめくりをしていた」ということを武勇伝のように話したことがありました。番組ではこれをおもしろいエピソードとして扱い、わざわざ「亀梨は野球とスカートめくりに夢中だった！」というフリップも用意していました。亀梨さんが「幼稚園のころからスカートめくり界のエースと呼ばれていた」などと、めくる仕草も交えておもしろおかしく語ると、他の出演者も「男ならするよねー」などと笑いながら反応していたようです。

この番組は子どもにも人気があり、息子や甥《おい》たちも好きなアイドルの嵐がホスト役を務めていました。彼らがたまたまこの日、この番組を見ていなくてよかったと心から思います。過去の行為でも、それをおもしろおかしいこととして語るのは、亀梨さんと番組が現在やった行為です。「昔は、スカートめくりがいけないことだというのが常識ではなかったから」といった言い訳は通用しません。この件はインターネット上で瞬時に話題になり、SNSには亀梨さんと、このような演出をした番組への非難のコメントがあふれました。同じように違和感を覚えた人が多かったのでしょう。

亀梨さんは人気タレントですが、それとは関係なく非難の声が大きくあがったのは、「スカートめくりはそもそもしてはいけないし、それを武勇伝のように扱ってはいけない」という常識が、時間をかけて社会に定着したということでしょう。以前は「男の子なら誰でもする、やんちゃな悪ふざけ」の扱いだったのに。このように「カンチョー」も、やってはいけないことだというのを常識にすることは十分可能でしょう。

この番組のように、現在の常識では許されない行為を過去の「やんちゃ」として扱い、笑いのネタにするというのは、された側の被害を軽く印象づける悪影響があると思います。せっかく定着した常識に逆行するようなメディアの軽々しい扱いは残念です。

性暴力を「笑いをとるネタ」として扱うことは、性暴力を軽視する意識を視聴者に与えます。とくに子どもも見る番組なのだから、誤った認知を与えないようにすべきということに、制作者はもっと敏感になってほしいと感じさせられた件でした。

「男の子の意地悪は好意の裏返し」問題

子育てをしていると……というより、私自身もよく見聞きしたことがある言い方ですが、男の子が女の子になにか意地悪をして泣かせたりした際、「謝りなさい！」と男の子を叱りつつ、「そんなことをするなんて、あの子のことが好きなんでしょう」とからかったり、女の子側に「でも、きっとあの子はあなたが好きなのよ、許してあげて」と言ってなだめようとしたり、ということがよくあります。言っている大人もあまり深く考えずに口にしているように感じるのですが、これは女の子に対しても、男の子に対しても非常によくない声かけだと思います。

たしかに、気になる誰かに対して子どもは好意をスマートに表現できないので、からかうようなちょっかいを出して、結果的に相手に嫌な思いをさせてしまう……というのは、いかにも子どもらしい行動ではありますよね。でも、相手への好意があるということによって、相手に嫌な思いをさせる行為の「悪さが少し減る」かのような勘違いを子どもにさせかねないリスクがあると思います。

動機が相手への好意であろうがなかろうが、いけないことはいけないというのはもちろんですし、好意の表現として相手が嫌がることをするというのは、表現方法としては歪《ゆが》んでいます。子どもが幼さから上手に感情表現できないのは仕方ないことですが、大人はそれを「好意の裏返し」と容認せず、「仲良くしたいなら、相手が嫌がることをしてはいけない。そんなことをしても相手に気持ちは伝わらないし、かえってあなたのことを嫌になってしまっても仕方ない」と真面目に諭《さと》す必要があると思います。

そういう働きかけがなくても、成長の過程で自力で気づく男の子もいるでしょうが、気づくのが早いに越したことはないでしょうし、むしろ大人の働きかけ次第で気づくのが遅くもなる気がします。「男子って、好きな女子に意地悪しちゃうもんだよね〜」というのは、男の子のそうした気づきを妨げかねない言説として、大人が気をつけないといけないのではと思います。

こうした言説は女の子にとっても有害です。嫌な思いをしていても、それに対して怒ったり抗議したい気持ちを殺《そ》いでしまう発想を内面化させてしまうからです。「好きだからこそやってしまうんだ」という言説は、DVの被害者がすぐに怒れないことにも通じるかもしれません。離婚事案で、妻を殴りながら「愛しているから、わかってほしかった」などと平然と言う男性や、既婚なのに独身だと嘘をついて女性と性的関係をもった男性が「君のことを好きだったから」と弁明する例などをよく見聞きします。相手への尊重を欠く態度を「好きだから」で正当化しようとする場面を少なからず見るので、「好意の裏返し」式の言説にも警戒を覚えるのかもしれません。

以上書いてきたように、「有害な男らしさ」の種になってしまわないかと気になることは、ささやかなものも含めれば、男の子の日常生活にしばしばあります。

子育て中の親としては、男の子がその罠《わな》におちいることなく自由に生きられるようになることを強く願っていますし、またちょっとくらい落ちてしまっても、そこから這《は》いあがれるために必要な力と情報を用意することも大人の責任ではないかと思っています。

大人サイドとしてどんなことをできるのか、次の章でもう少し突っ込んで考えてみます。

☆1　厚生労働省「平成30年中における自殺の状況」(https://www.mhlw.go.jp/content/H30kakutei-01.pdf)。

☆2　村瀬幸浩『男子の性教育——柔らかな関係づくりのために』大修館書店、2014年、99頁。
☆3　「エアコンプレッサーが凶器に……肛門に空気注入された男性が死亡『死ぬと思わなかった』」『ハフポスト日本版』2018年7月14日（https://www.huffingtonpost.jp/2018/07/13/air-compressor_a_23481845/）。

第2章 男の子にかけられる呪い

この章では、1章で書いたような私自身の問題意識をより大きな文脈に広げ、私たちの社会に空気のように行き渡っている固定的な性別役割分業意識などの性差別的な呪《のろ》いが、男の子たちに与える影響について考えたいと思います。

その際に参照したいのは、「男性学」という学問が蓄積してきた知見です。

男性学が問うもの――「壊れてないなら直すなよ」？

「男性学」という言葉を聞いたことはありますか。あまり馴染みがないという方が多いでしょう。大学で「男性学」を掲げる講座はまだ少ないですし、「学生時代に男性学を勉強した」という人もまだ多くはないと思います。

1996年に出版された『男性学入門』（作品社）という本は、日本でいま以上に男性学に馴染みがなかったころから研究を始めていた伊藤公雄さん（京都大学・大阪大学名誉教授）が書かれた先駆的な本です。少し長いですがこの本から引用します。

それならこの〈男性学〉とは何か？

もちろん、〈男性学〉は「女性学」の発達に対応して生まれたものだ。「女性学」とは、女性たちが自分たちの能力を発揮し、自己実現を通してより豊かな生を送ることができる社会を創り出すことを目的として、女性自身の手で生み出されたものである。

〈男性学〉とは、それにならえば、充実した人生を送っているとはとても言えない、先に述べたようなさまざまな「問題」をかかえている現代社会の〝悩める男たち〟が、より豊かな人生を送るために生み出された、「男性の生き方を探るための研究」ということができるだろう。（同書2頁）

伊藤さん自身が「もちろん、〈男性学〉といってもさまざまなスタイルがある。というより、さまざまな〈男性学〉があった方がいいとぼくは思っている」（同書3頁）と述べているように、これだけが「男性学」の説明ではありません。ですが、この男性中心社会、性差別構造が強い社会における男性のあり方の問題を、当事者として考えるのが男性学だと理解しています。

とはいえ、「男性のあり方の問題」と言われても、いまの社会のままで困っておらず、とくに不自由を感じていない男性は、そもそも「男性のあり方になにか問題がある」ということ自体ピンとくることはなく、「変わる」必要性自体を感じないでしょう。そうすると、「男性のあり方を変えなくては」という意見に対し無理解を示すどころか、「なんで俺が変わらなくちゃいけないんだ」と反発を感じる人も出てきます。

このような無理解と反発について、1章でもふれた『男らしさの終焉』(グレイソン・ペリー著)では以下のように表現されています。

ジェンダーの議論をするときの男性の感覚は、要するに「壊れてないなら直すなよ」である。男性にとって現在の状況は問題ないらしい。それでは、「本当にうまくいってる?」と聞いてみたい。男性性の犠牲者の半分が男性だとしても? 男性性は、男性が「自分らしく」――それがどういう姿であれ――生きることを妨げる拘束服かもしれない。男性は支配や君臨をすることに駆り立てられているせいで、人間にとってとても大切なことを――とりわけメンタルヘルスに関する問題を――重く見てこなかったかもしれない。男らしさに駆られるせいで、うまく幸せになれないのかもしれない。(同書11頁)

「壊れてないなら直すなよ」(If it ain't broke, don't fix it)とは、英語の慣用句的な言い回しですが、「システムや方法が問題なく機能しているなら、変えるべきではない」という意味ですね。別にいまの社会は「壊れてない」(問題はない)、だから何もする必要なんてないだろう? と。以上より、男性学について私が理解していることをペリーさんの表現を借りて比喩的に言うならば、

①社会はほんとうに「壊れてない」のか?

②ほんとうは、社会が壊れていることで理不尽に耐えざるをえなくなっているのではないか? 理不尽に耐えず、男性が変わる勇気が必要なのではないか?

③社会の壊れている部分を直すために、男性がしなくてはいけないことはないのか?

ということを、男性がみずからに問うための学問であると理解しています。

そして、これは私が息子たちに、いつか自分の頭で理解し、考えてほしいことと一致しています。自分が幸せに、自由に生きるためと同時に、社会に生きるひとりとしての責任を果たし、より有意義な人生を送ることができるようになるために。

「ホモソーシャルな絆《きずな》」の支配力

男性性のあり方を考える上で、「ホモソーシャル」(homosocial)という言葉もキーワードとしてよく出てくる概念です。homoとは「同性どうしの」という意味で、「ホモセクシュアル」(homosexual)は同性どうしの性的関係を指すわけですが、ホモソーシャルはそれと異なり、同性どうしの、

性的関係性をもたない結びつき、関係性という意味です。

「同性どうしの」という意味では女性間の関係性も含みますが、普通「ホモソーシャル」というと男性どうしのつながり、いわゆる「男のつきあい」「男どうしの友情」「男の絆」といった意味合いで用いられています。「絆」というと良いことのようにも聞こえますし、もちろん男性どうしが仲良くすることがいけないはずがありません。ですが、問題は、その絆にとって異質なものとして、女性や「男らしさ」を欠く男性が排除されがちだということです。その代表として男性同性愛者（ゲイ）は嫌悪され、嘲笑の対象となります。ホモソーシャルな関係性の特徴は、「男らしさ」を共有する男性どうしが連帯してつくる、女性蔑視（ミソジニー）と同性愛嫌悪（ホモフォビア）だといわれています。

日本では、国会や地方議会、企業の経営陣など、社会の重要な意思決定をするポジションはほんとうに男性だらけ。異質な存在がいることを前提にした制度設計になっていないので、女性は参入しづらく、なかなか多様な場所になりません。

他方、では男性（同性愛者などの性的少数者ではない男性）にとってはホモソーシャルな関係性の居心地がいいかというと、そうとも限りません。なぜなら、ホモソーシャルな集団の中では常に「誰がもっとも男らしいか」を競いあう価値観が支配的なので、みずからの優秀さ（スポーツの技能だったり、肉体のたくましさだったり、仕事上の業績だったり）を証明し続け、お互いの序列を意識することを強いられるからです。ホモソーシャルな結びつきから排除されたくなければ、「自分は女々しくない」と自分の「男らしさ」を男性仲間にアピールし、認めさせようという心理が働くでしょう。そして、先に書いたように、伝統的に「男らしい」とされる要素は、それ自体悪いものばかりではないものの、攻撃的な「有害な男らしさ」が混じっていることがしばしばです。それに無自覚だと、男性が集団でお互いに「有害な男らしさ」に基づく行動を競いあうような状況になりかねません。実際、近年報道された集団での性暴力事案には、そのようなホモソーシャルの暴走が根底にあると感じるものがいくつもあります。

また、「有害な男らしさ」の害は他者に及ぶだけではありません。過労死事件を扱うことの多い知り合いの弁護士が、「過労死というのは男性性の病理だ」ということを言っていました。もちろん、近年では女性でも過労死・過労自殺に追い込まれる例は少なくありません（電通の女性社員やNHKの女性局員が亡くなった事件は記憶に新しいところです）。でも、傾向としてはやはり圧倒的に男性が多数です。

それは、やはり「男らしさ」の縛りが彼らを追い込むからなのでしょう。肉体的・精神的に限界なのに「つらい」「辞めたい」と言い出せない。責任ある立場につくと、自分が頑張ってなんとかしなくてはと思い、誰かの助けを借りるという発想が出てこない。「男に生まれた以上」一家の大黒柱として妻子を養う責任を感じ、相談したり弱音を打ち明けたりしづらい……。おそらく男性には、多かれ少なかれ身に覚えがあるのではないでしょうか。

先の弁護士が言うには、過労自殺で亡くなった男性サラリーマンは、何に悩み、どんなことに苦しんでいたかがわかるような遺書や日記などを残していないことも多く、過重労働が原因だったと証明するのに苦労するそうです。自殺するほどに追い込まれていながら、何に苦しんでいたのか、身近な人にさえ打ち明けず、ひとりでぎりぎりまで抱え込んで「我慢」してしまった。これは「男らしい」強さが裏目に出てしまった悲劇なのではないでしょうか。

一方で、そうした人を追い込んでいる上司や企業自体もホモソーシャルな価値観に支配されている可能性があります。弱音を吐く人や業績が低い人を「負け犬」のように扱い、会社のための自己犠牲を称賛し、組織への忠誠心を試すかのように過剰なノルマを強いたり、生活の糧を人質にとってパワハラをしたり……。こういう加害の根底にもまた「有害な男らしさ」があると言えるかもしれません。

また、アルコール依存症患者の9割は男性です。過度の飲酒はメンタルヘルス上深刻な問題をもたらし、自殺につながることもあります。患者自身が、自分に酒の問題があることをなかなか認めないことから「アルコール依存症は否認の病」と言われます。これについて、精神保健福祉士・社会福祉士の斉藤章佳《あきよし》さんと男性学を研究する田中俊之さん（大正大学准教授）の対談（☆1）で、田中さんは「自分の問題、困っていることを認められない心理に、男らしさへのとらわれがあるのでは」と指摘しています。

「助けてほしい」「気持ちをわかってほしい」と自分の弱さや悩みを言葉にして周囲に援助を求めればいいのに、しらふでは「男らしさのとらわれ」からそれはできず、飲酒によって子どものように退行することで周囲にケアさせる行動がみられる、と斉藤さんも指摘しています。

さらに、性的経験の有無をからかったり、性器を攻撃するといった男性から男性へのセクシャルハラスメントには、ホモソーシャルの悪い部分が典型的にあらわれていると思います。

こうしたホモソーシャルな集団からはあらかじめ排除されていますし、別に入りたいとも思っていない立場の私としては、「なんかもう、みんなで一斉に『有害な男らしさ』を投げ出せばより楽になるんじゃないの？」と思ったりもするわけですが、ホモソーシャルな関係性の中での「男性からの賞賛」に価値を見出している男性は、序列化自体をやめようという発想には、なかなかなりづらいものなのかもしれません。

仲間集団から疎外感を覚えたり、からかわれたりするのは誰でも嫌で、勇気が要ることでしょう。でもその結果、「排除されたくない」という思いでホモソーシャルな結びつきに組み込まれた男の子たちが苦しむ姿は見たくありません。加害者にも被害者にもなってほしくない。

そのためには何が必要なんだろうかと考えずにいられません。

幼児期から始まる男子の権力抗争

「有害な男らしさ」と「ホモソーシャル」、このふたつのキーワードを念頭に置くと、男の子の育ちにおけるさまざまな問題を、よりクリアに見ることができるようになります。

片田孫《かたださん》朝日さんという、現在は灘中学校・高等学校の先生をされている方が、学童保育でのフィールドワークを通じて、低学年の子どもたちの遊び方やふるまいをつぶさに観察し分析した『男子の権力』(京都大学学術出版会)という本があります(この本については、本書で対談した星野俊樹さんに教えていただきました)。

そこから見えるのは、小学1、2年生、あるいは保育園・幼稚園の時代から、男の子のあいだには「有害な男らしさ」や「ホモソーシャル」の萌芽がすでにあるということです。集団の中で、男子どうしで勝ち負けを競って序列関係をつくったり、女子の遊びを邪魔したりといった行動を通じて「男子」としての優位性を築き上げ、互いの序列を確認するといったことが観察されています。

片田孫さんの指摘で重要なのは、周囲の大人たちが、そうした男子たちの行動に対してとる態度についてです。子どもの個性を尊重し、主体性を支援するという「児童中心主義」は、教師からの「女らしさ」「男らしさ」の押しつけには抑制的であろうという姿勢をうながすので、基本的には望ましいものの、そこに落とし穴があるというのです。

どんな落とし穴かというと、「子ども自身が早期から男女に関する知を学び、自発的に性別の仲間関係をつくり、ジェンダー化された遊びを行う場合に、保育者がこれを無批判に受容し、促進する傾向が考えられる。子ども自身がこだわりをもち、望んでいるようにみえるからだ」(同書30頁)。つまり、子どもが自分の希望として大人に伝える内容が、すでに社会の中にある固定観念に影響されたものであるにもかかわらず、「児童の主体性」を尊重する教育の中ではそれも「子どもの主体的意思」と捉えられ、受容されてしまう傾向があるということですね。

たとえば男子集団が女子の遊びを邪魔するといった侵害行為は、男子集団による、女子への尊重と敬意を欠いた行動であるにもかかわらず、「生徒一人ひとり個人を見よう」という児童中心主義の保育の中では、個々の男子の「腕白《わんぱく》さ」を「個人のもの」「その子自身の成長の問題」と捉えがちで、子どもたちの関係性の中にすでにあるジェンダー問題には関心が向かいません。

片田孫さんは、「ジェンダーの問題を、子どもの人権と公共性の観点から真剣に取り組もうとするならば、教育者や保育者は、子どもたちを『個人』としてだけ見るわけにいかない。というのも、子どもの現実は、大人が望もうが望むまいが、多かれ少なかれジェンダー化されているからであり、これがしばしば男女間に権力関係を生み出すからである。したがって、教育的な介入は避けられないだろう」（271頁）と書いて、性差別的な価値観を是正していくためには、周囲の大人が積極的に介入する必要性を指摘しています。

これは、一見すると教師による「教え込み」を肯定し、子どもの自主性尊重から後退してしまうようにも見えるかもしれません。でも、片田孫さんはそうではなく、子どもの自主性を尊重することと、人権や多様性を否定する価値観に与《くみ》しないことを、どのように両立すればいいかという問いかけをしているのです。

私もこの問題意識に深く頷きます。子どもたちは、ほうっておいてもメディアや周囲の大人の会話からジェンダー規範を受け取り、内面化していきます。「女子は弱い」「男子のほうが偉い」「泣き虫なんて男らしくない」などなど。それを子どもの「ありのまま」だと許容してしまうと、子どもたちはそれが「自然」だと思い込んだまま大人になってしまうかもしれません。

性差別がある社会に生まれ落ちた子どもたちは、ただそのままのびのびとさせていれば自由に生きられるとは限らない、ということなのでしょう。むしろ、社会がかぶせてくる固定観念を、大人の適切な手助けや介入によって相対化し、学び落とすことができてこそ、より自由に生きることができるのであって、それこそがほんとうに児童の主体性を尊重するということではないか、と深く納得させられる本でした。

その適切な介入の方法をこそ、まわりにいる大人が意識的に身につけなくてはいけないと強く思います。私が知りたいのはその方法だと、この本を通じてはっきり認識させられたのですが、しかし具体的にどうすればいいのかは、私もまだ日々試行錯誤の渦中です。

カンチガイ男子のまま大人になってしまった人たち

私には、こうした子どものころからの「有害な男らしさ」の刷り込みが誰からも是正されないまま、そして自分で問題に気づくこともないまま大人になってしまった例が、日本中にたくさんあるように感じられてなりません。

たとえば、私が担当する離婚事案では、「自分に口答えした」という理由で妻を殴ったり、「誰のおかげで生活できてるんだ」「文句があるなら俺と同じだけ稼いでこい」などと暴言を吐く男性をしばしば見ます。口答えされてかっとなるというのは相手を下に見ているからです。収入を得ていることで相手より上にいると知らしめようとするのは、上に見られたいという欲求。こういう男性は、妻と対等な関係性では我慢できず、常に上にいると感じたくて仕方がないのですね。彼らの主張を裁判所で聞いていると、つくづく「ああ、有害な男らしさ……」と感じます。

そのような事案で、いろいろと証拠を出したり、妻側の陳述書を丁寧に書いたりして、「それはひどい暴力なのだ」「こちらは大変傷ついた」「離婚意思は変わらない」と主張するわけですが、どんなに証拠を出しても「暴力なんてふるっていない。夫婦げんかの中でつかみあいのようになったことはあるかもしれず、自分も妻にひっかかれた。でも妻のことをいまでも愛しているから戻ってほしい」などと、すらすら述べるDV加害者はめずらしくありません。法廷で、目の前で妻本人が震えて涙ぐみながら「夫が怖くて仕方ない。お願いだから離婚してほしい」と言っているのに、とにかく噛みあわなさがすさまじいのです。

また、近年立て続けに問題となった深刻な性差別事件、性暴力事件の報道を見ると、その背景に「有害な男らしさ」の影響を色濃く感じざるをえません。

たとえば、最近大きな話題になったものとしては、2017年にジャーナリストの伊藤詩織さんが、安倍首相と親しい記者の山口敬之氏から受けた性暴力を実名で告発した事件。2018年には、財務省の福田淳一事務次官（当時）によるテレビ記者へのセクハラ事件や、雑誌『DAYS JAPAN』元編集長でフォトジャーナリストの広河隆一氏による複数の女性に対するセクハラ・性暴力が告発された問題がありました。どの件でも、加害男性はまったく反省しているようには見えず、それどころか自分のことを被害者であると感じているようにさえ見えます。

また、2018年に発覚した、複数の大学医学部の入試において女子受験生が性別を理由に得点を低く調整されていた事件も、これ以上ないほど明白で露骨な性差別であったにもかかわらず、ネット上には「結婚や出産で仕事をやめてしまう女性がいる以上、減点は合理的」などと擁護する意見がみられました。

こうした性差別的な言動をする人や組織を減らすにはどうすればいいのかと考えると、やっぱり大人になってからの教育だけでは遅いと思うのです。

もちろん、企業や役所等の職場で、セクハラ研修を義務づけたり、性差別的な言動をする人は人事上マイナスに評価して要職に就かせない、といったことは大切です。ただ、それによって「こうした行為や発言がなぜ許されないのか」という根本的なことを、内心まで浸透させ、納得させられるかというと、やはり非常に時間がかかるし、限界もあるのではないかと思います。

それよりも、可能な限り若い――むしろ幼いうちから、性差別的な価値観をもたせないための教育をすることに、もっと力を注ぐべきではないでしょうか。

私は、近い将来、息子たちがひとりの男性として生きていくときに、パートナーや周囲の女性に対し、意図せず性差別的な言動をして傷つけたり、抑圧したりするようになってほしくはありません。もちろん、意図的な差別やセクシャルハラスメント、性暴力、ＤＶの加害者になることなど論外ですし、アルコールやギャンブルに依存して、自他を傷つけるような男性にもなってほしくありません。

そのために必要なことを教えはじめるのは、おそらく思春期よりもっともっと前から必要で、成長のできるだけ早い段階からであるべきではないか、というのが実感です。子どもの成長はほんとうに、ほんとうに早いので。

バレンタインデーの罪深さ

バレンタインデーの発祥はキリスト教圏ですが、アメリカやヨーロッパなどでは、恋人や大切な人にプレゼントを贈る日とされていて、「女性から男性へ」とか「恋愛感情を伝える」ことに限られていない、というのはわりと知られた事実かと思います。

その習慣を日本に輸入する際、(どこの会社かは諸説あるようですが)洋菓子メーカーが「女性が意中の男性にチョコレートを贈る」イベントとして演出したのがきっかけで定着したようです。最近では、女子が友達どうしで贈る「友チョコ」や自分用に買うチョコなども一般的になりましたが、それでもやはり「女性から男性へ、好意を込めて」というイメージは強いでしょう。

私が中学生のとき、クラスの女子全員で、男子に秘密で「女子みんなで男子全員のためにバレンタインデーのお菓子を作ろう」と計画したことがあります。海外の日本人学校という特殊性もあって、少人数だったのでできたのかもしれませんが、女子だけで集まり、わくわくしながら作ったものでした。

しかし、いよいよ当日、昼休みに「じゃーん！　男子全員にプレゼントです！」と配りはじめようとしたら、なぜか男子がみんな困った顔になり、受け取り拒否が続出したのです。女子側は予想外のことに怒ってしまい、細部は覚えていませんが、学級会で話しあうような成り行きになったと記憶しています。

後からわかったのは、クラスの男子たちは「バレンタインデーには誰もチョコをもらわないようにしよう」という協定を事前に決めていたということでした。それなのに、「女子全員から男子全員にプレゼントされる」という想定外の事態が起きたので、受け取っていいのかどうかと困惑し、「せっかく作ったのに！」という女子たちの怒りを前に、罪悪感に苛《さいな》まれたようです。

いま思えば笑ってしまうような行き違いで、同窓会でもいまだに話題になったりしますが、当時の私は「バレンタインデーというのは、男子にとっては自分の『モテ度合い』を露骨に可視化する、残酷なイベントなんだな」と感じ、自分だってその立場に置かれたら嫌だろうな……と、それまで考えたことがなかった男子の心中を想像して反省したものです。

「きっと自分はチョコレートをもらえないだろう」という悲観的な予想のもと、「全員で誰ももらわないことにすればいい」と協定を結んだ男子たちの心情をいま想像してみても、やるせない気持ちになります。「モテない」悩みには、「そんなこと気にしなくたっていいよ」といった軽い言葉だけで片付けず、丁寧に向きあわなくてはいけないものがあると感じています。

「モテない」悩みをこじらせる前に

思春期というのは、少しずつ自分を相対化し、客観的に見ることができるようになる反面、自分が他人からどう見えているか気になり、「モテる」か否かが重要な関心事になってしまうこともあるのでしょう。クラスで「モテる」女子や男子というのは特定の層に集中しがちですが、大人になると、もっと個人どうしの相性に軸が移行して、「モテる」人ばかりに恋人ができるわけではないんですよね。私自身が途中で気づいて「そうなんだ!」と思った事実なので、中高生の読者のために書いておきます。作家のアルテイシアさんが、恋愛に悩む女性に向けたアドバイスとして「モテよりマッチング」だと書かれていましたが(☆2)、「モテ」にとらわれがちな中高生にも「ほんとうはモテよりマッチングが大事なんだよ」ということは、大人から意識的に伝えるべきではないでしょうか。

私の息子が通う公立小学校では、バレンタインデーのお菓子を学校に持ってくるのは禁止されているのですが、それでもチョコをたくさんもらう男の子はやっぱりいるそうです。そのあたりが少し気になる年頃になってきたのか、バレンタインデーのころ、当時小5の長男がこんなことを言いだしました。

「同じクラスのケンタ（仮名）はチョコをたくさんもらうんだって」

「学校には持ってきちゃダメってなってるのに、どうやってもらってるのか聞いたら、家に持ってくる女の子がいたり、ポストに入ってたりするんだって」

「俺はもらってない。別に気にしてないけど」

照れもせず親にそんな話をするくらいにはまだ幼いのでしょうが、ならばいまのうちに話してみようと思って、

「ケンタ君はきっと素敵な男の子なんだろうね、いいね」

「モテるというのは、その人の素敵なところをより多くの人が見ているということだろうけど、お母さんが思うのは、人の長所にはいろんな種類があるのに、子どものうちは見えやすい長所だけに目が行きやすいと思う。たとえば、足が速いとかサッカーが上手とか、話がおもしろいとかね。でも人には、すぐには気づきづらいけど素敵な長所というのもあって、そういう長所をいずれ誰かが気づいてくれることもある。わかりやすい長所をもつことで大勢からモテるのもいいかもしれないけど、自分の素敵なところを伸ばして、数は少なくても、そこを見てくれる誰かと仲良くなるというのも楽しいんじゃないかな」

「だから、モテるかモテないかというのは、そんなに大事なことだとは私は思わない。気に

なってしまう年頃というのはあるけど、でも実は、人生が幸せになる要素はもっと違うところにあると思うから」

と、懇々と話してみました。どれくらい伝わったかわかりませんが、長男はあっさり「うん、オラ気にしてない」と言いました。そして、「バレンタインにはチョコよりも焼肉が食べたい」と言うので、その年のバレンタインデーは家族で焼肉に行って、息子たちが好きなカルビと牛タン、チョレギサラダをたくさん食べてきました。

「インセル」による暴力

バレンタインについて書いたのは、「モテない」という劣等感をこじらせて、極端に女性に対して攻撃的な言動をとるようになってしまう一部の男性の行動が、最近気にかかるからです。「モテない」ことを悩むくらいはたいしたことないじゃないか、と感じる人もいるかもしれませんし、実際多くの場合にはそうでしょう。しかし、「モテない」という劣等感を募らせて過激化した一部の男性による暴力的な事件が、ここ数年アメリカやカナダで問題になっていて、その凄惨さを知ると、「モテない」悩みをこじらせるのは大変なことだと思ってしまうのです。

こうした男性は「インセル（Incel = Involuntary celibate）」と呼ばれています。直訳すると「非自発的な禁欲主義者」ですが、要するに、自分で望んだわけでもないのに女性と性的関係をもてない男性を表現する言葉です。女性から蔑視《べっし》されているために恋人ができないと考え、女性への憎悪を募らせたインセル男性による殺人事件や女性への暴力として、以下のような事件があります。

2014年5月　アメリカ・カリフォルニア州で起きた、エリオット・ロジャーによる大量殺人。「僕の歪んだ世界——エリオット・ロジャーの物語」という137ページに及ぶ長大な声明文（ネットで見られる）と「エリオット・ロジャーの報復」と題した動画を遺した。そこには「女性たちは自分を拒絶し、見下したのに、他の男とはセックスした。自分がセックスの経験がないのはそういう生意気で高慢な女性たちのせいだ。僕より楽しい生活をして、セックスしている男たち。おまえら全員を憎む。罰を与える」と、自分を拒否した女性たちと、女性たちが好んだ男性たち双方への憎悪と復讐心が語られていた。

2015年10月　アメリカ・オレゴン州の短大で、26歳の学生が9人を殺害して自殺。エリオット・ロジャーの事件に言及していた。

2017年12月　アメリカ・ニューメキシコ州の高校で21歳の男性が2人を殺害し、犯人は自殺。エリオット・ロジャーを名乗って掲示板に書き込んでいた。

2018年2月　アメリカ・フロリダ州の高校で19歳の男性が銃乱射事件を起こし、17人が死亡。犯人はネット上でエリオット・ロジャーを称賛していた。

2018年4月　カナダのトロントで25歳の男性が自動車で歩道に突っ込み、10人が死亡。犯人はネット上でエリオット・ロジャーを称賛していた。

2020年2月　カナダ・トロントで17歳の男性が、風俗店で複数の女性を刃物で刺傷。（☆3）

最後のトロントの事件について、カナダ当局は殺人罪ではなく「テロ攻撃」として訴追するのだそうです。はっきりと女性への敵意を掲げ、「女性なら誰でもいい」と無差別に殺傷するというのは、たしかに「女性に対するテロ」と言えるかもしれません。人種的憎悪を理由にした犯罪のことを「ヘイトクライム」といいますが、個々人の人格ではなく属性をターゲットにした犯罪という意味で、女性に対するヘイトクライムという性格があるでしょう。

インセルの考え方の特徴は、「自分には女性とセックスする権利があるはずなのに、女性がそれを拒否しているからできない。拒否する女性が憎い」「本来あったはずの権利を不当に奪われている」という発想のようです。

女性を狙った殺人事件は欧米に限りません。韓国のソウルでは2016年5月、繁華街の江《カン》南《ナム》駅付近のカラオケボックスで女性が惨殺された事件がありました。犯人の30代の男性に被害者との面識はなく、男女共用のトイレに潜んで、先に来た6人の男性はやりすごし、たまたま入ってきた女性を刺殺しました。犯人はその動機として「女が自分を相手にしてくれない。女が憎い」と語ったそうです。この事件は韓国の女性たちに女性嫌悪（ミソジニー）に由来する殺人事件として受けとめられ、大きな論争を巻き起こし、韓国の #MeToo 運動の広がりにもつながったといわれています。

日本は無縁かというと、そうとも思えません。２００８年に秋葉原で無差別殺傷事件を起こした加藤智大死刑囚は、事件前に「彼女がいない、この一点で人生崩壊」「彼女さえいればこんなに惨めに生きなくていいのに」とネットに書き込んでおり、インセル的な発想を感じさせます。また、近年、女性に対する激しいオンラインハラスメントが問題になっていますが、攻撃のパターンを見ていると、一部にインセル的な気質の男性による攻撃もあると感じます。言葉の端々に「いまの自分のつらさは女性のせいだ」というような発想が滲《にじ》んでいる気がするからです。そこには、やはり「男性性」への呪縛《じゅばく》が深くかかわっているように思えるのです。

安定した職業と異性関係、その帰結としての「幸せな家庭」……高度成長の時代なら、ある程度「普通」の男性であれば望むことができた成功のモデルが、低成長の時代には希少なパイになり、そこからこぼれ落ちる男性が出てきます。男性どうしのヒエラルキーの中で「勝者」になれなかった自分たち、という自意識が、ネットスラングでいうところの「弱者男性」や「非モテ」といった自虐的な自己表現にあらわれるのでしょう。そういう自虐的な表現で自分のことを認識している男性のすべてが、女性に対して攻撃的なわけではもちろんないでしょうが、自分の「男はつらいよ」という意識、鬱屈《うっくつ》を「女性が優遇されているせいで自分たちが割を食っている」という反感に結びつけてしまうと、明らかにこれは有害です。

ほんとうに自分を苦しめているのは女性ではなく、性差別社会における「有害な男らしさ」の呪縛だ、ということが往々にしてあると思います。自分の生きづらさを女性叩きでごまかさず、ほんとうの原因を見極めて「有害な男らしさ」の呪いを解けたら、いまより救われる男性は多いのではと思います。

セックスの人数と「モテ」を混同するカンチガイ

これもネットスラングのようなものかもしれませんが、「女嫌いの女体《にょたい》好き」という表現があります。女性蔑視意識が強い一方で、女性との性的関係には固執するような一部男性のメンタリティをあらわすものです。

2017年から18年にかけて、ナンパ術を指南するという触れ込みの「リアルナンパアカデミー」の関係者が、女性を泥酔させてレイプする性犯罪をくりかえしていた事件が発覚し、複数の「塾生」と「塾長」が実刑の有罪判決を受けました。

「塾長」を名乗る40代の被告人は、「ナンパ術」「モテ術」を指南するという名目で20代の「塾生」たちを従えていました。でも、現実に彼らがしていたことは、女性に罰ゲームの名目で強い酒を飲ませ、泥酔したところで集団強姦することでした。

彼らの中では「ナンパ術」「モテ指南」とは、女性と仲良くなって関係性を築くプロセスではなく、むしろ逆に、いかに女性の意思を無視して多数回セックスできるかを教えることでした。そこでは、相手の女性の意思や同意の有無はまったく無視されていたわけです。

「モテ」を多数の女性と肉体的関係をもつことと同一視していた塾長と塾生は、「ナンパ」を通じて女性とセックスした回数を競いあっていました。女性とコミュニケーションをとって関係性を築いた上でのセックスという発想はなく、泥酔させることによって意思を奪い、女性の肉体をモノのように扱い、その獲得数を男性どうしで得点のように競いあう。恋愛においていちばん重要な、コミュニケーションを通じて互いの信頼関係をつくるというプロセスはまったくなかったとみえます。どうして彼らはこれを「モテ」と混同してしまったのでしょうか。

この事件を取材したライターの小川たまかさんは、彼らの動機がたんに性欲ではなく、塾長をカリスマとあがめる集団の中で「逆らうと村八分にされる」という不安から、疑問を感じても拒否できなかった塾生たちの姿を描き出しています（☆4）。そして、塾長は「女好き」を自称しながら、女性に対する不信感や軽蔑をくりかえし口にしていたとも書いています。

女性を強引にセックスに持ち込んだ回数を比較して「お前、すごいな」と評価しあう。犯罪だと薄々わかっていながら、共犯関係を通じて集団から逃げ出せないようにする。ホモソーシャルな関係性の中で、優位に立つ手段として女性の体が扱われていたことに、ぞっとします。

この事件は相当特異なものかもしれませんが、「有害な男らしさ」が極端な形であらわれたものであるように感じます。「女性とセックスはしたいがコミュニケーションはとりたくない」というのは、女性を尊重する意識が完全に欠如しており、支配欲しか感じません。

私は、この「コミュニケーションの省略」こそが、「有害な男らしさ」とリンクする大きな問題なのではないかと考えています。そうであるなら、逆に、いろいろな局面において相手との丁寧なコミュニケーションを意識させることは、男の子たちが「有害な男らしさ」の罠に落ちないためのトレーニングになるような気がします。

「モテ」ではなく、相手を尊重し、対等な関係に立ってコミュニケーションをとることこそ本質的に大事だということを、これからの男の子たちには意識的に理解してほしいと思います。

「男の人を気持ちよくさせる」女子がモテる？

少し前に、『おしゃカワ！　ビューティー大じてん』（成美堂出版）という小学生の女子向けのファッション指南書がTwitterで話題になったことがありました。背伸びしたいお年頃の女子に、おしゃれの方法を解説するという趣向自体はほほえましい内容だとも言えると思います。

でも、読んでいくと「カレとのデートはうるうるナミダぶくろメイクがカギ」とか、「ボクたちこんな女の子が好き　トップ5」「これでカンペキ！　モテしぐさ12連発」などと続きます。「おしゃれ」するのは男子に「モテ」るため、という価値観が一貫しているのです。

極めつきは、モテるための「キュートな会話テクニック」として「男の子はホメられるのが好き！」と、男子を喜ばせるためのあいづちを「さしすせそ」で説明している箇所。「さしすせそ」とは「さすが！」「知らなかった！」「すごい！」「センスいい！」「そうなんだ！」の五つのフレーズで、「心からホメることが大切だよ！」と念を押しています。

ちなみに、この「さしすせそ」は大人の世界で「合コンさしすせそ」と呼び習わされてきたものです。意味をわかった上で自覚的にしている大人ならともかく、小学生にまで男子をおだてることを「モテ」テクとして指南するのはどうかと、Twitterで批判が沸き起こりました。

本書でも対談している清田隆之さんは、「男性はなぜ『さしすせそ』をされると気持ちよくなるのか」こそが問題の根幹であり、「男の子はホメられるのが好き」というより「ホメられないと機嫌を損ねる」というほうが実態に近い、これは男性が自分自身では自尊感情を供給できないことのあらわれではないか、と喝破《かっぱ》しています（☆5）。

漠然とした不安を他者からの賞賛で満たすことは女性にもあるでしょうし、時おりやお互い様なら構わないでしょう。しかし本来、自分の機嫌は自分でとるのが大人の態度で、子どもにもそうできるよう育ってほしいものです。ところが「男性を立て、手のひらで転がすのが賢い大人の女性」といった言説があるように、なぜか男性が女性に機嫌をとってもらえることを許容する風潮が一部にあります。そうするとそれに甘え、自分で自分の機嫌をとる訓練をせず（したがって上達もせず）、それどころか女性が男性の機嫌をとることを自明としてしまう男性が生まれるということなのでしょう。これは男性の幼稚さを許容してしまう悪しき文化だと思います。近年知られるようになった「マンスプレイニング」も、男性が女性に対して上からものを教える態度を通じて、女性を利用して男性が気分がよくなるという現象なのでしょう。

女性の側も、「男を立てる女のほうが一枚上手」などと、男性を褒めて気分よくさせてあげることを肯定的に語ることもあります。しかし、その労力をとってあげるケア役割が常に女性側に固定化してしまうのは、やはり対等な関係性とはいえません。性差別意識が強い社会では、女性のそういう立ちまわり方が処世術のように機能することも実際にあるでしょうから、状況によっては女性を非難するのは酷かもしれません。でも、やはり対等な関係性ではないということを女性も直視すべきでしょう。少なくとも、次世代に引き継ぐべきものとは到底思えませんから、『おしゃカワ！ ビューティー大じてん』のような発想のものが子どもの周囲にあったら、娘にも息子にも、要注意であることをきちんと伝えたほうがいいと思います。

女の子に伝えたいこと

男の子への「呪い」について書いたので、女の子への呪いをどう解くかということについても、思っていることを少しだけ書きます。

私には娘も姪《めい》もいないので、若い女の子と直接話す機会はなかなかないのですが、もし娘がいたら、やはり性差別構造のことは早い時期から教えると思います。女性のほうがどうしても、社会の構造によって強いられる被差別性を自覚しやすいと思うからです。

私自身も何度も被害を経験していますから、女性が性被害に遭いやすいということも、やはり早い時期に伝えるでしょう。社会に対する信頼を育ててほしい子ども時代に、そんなことを伝えるのはほんとうに胸が痛むことですが。

なるべく被害に遭わないための工夫も教えると思いますが、同時に、もし被害に遭うことがあったとしても、絶対あなたは悪くない、悪いのは加害者だ、とくりかえし教えるでしょう。

女の子は男の子に比べて、けんかを避けるよう、いつも笑顔でいるように教えられがちで、個性もあるにせよ、嫌なことをされたときに、すぐに「何をする!」と怒れないことが多いと感じます。その「闘い慣れ」していないところにつけこまれてDV被害に遭う女性をたくさん見てきました。相手が異性でも同性でも、好きな人ができてつきあうことになったら、どんなに好きな相手からでも、嫌なことをされたらちゃんと怒れるように、「嫌だ」と言えるようにエンパワーしてあげたいと思います。

そして、「あなたは性差別に屈しなくていい。私たち大人が可能な限り守るから、あなたもいずれ一緒にたたかう大人のひとりになってくれたら嬉しい」とも伝えたいと思います。

私自身が10代のころを思い出すと、いろいろな葛藤がほんとうに強い時期でした。「男の子に好かれたい」という思いはあって、しかし世間でいうところの「モテる」タイプではなかったので、「モテる」タイプに擬態しようとしてみたり、それが上手くいっても葛藤し、いかなくても落ち込み、ということをくりかえしていたような気がします。女性誌で「愛されメイク」とか「モテ力」などの言葉が並んでいるのを見ると、あのころの自分の葛藤を思い出して複雑な思いになります。私自身も「女の子」への呪いにかかって、それに苦労しながら生きてきたと思います。いまは前より呪いを自覚し、うまく折り合えるようになっていますが、それでも完全に解けているかはわかりません。

仮に娘がいたら、「男の子に好かれるためにバカなふりをするのはやめておきなさい」ということは、くりかえし伝えたいと思います。私もかかったことがある罠ですが、これは女の子をほんとうに不幸に、不自由にしますから。

そして、俳優のエマ・ワトソンが２０１４年に国連でおこなったスピーチを彼女に読ませるかもしれません。


もし、男性として認められるために男性が攻撃的になる必要がなければ、女性が服従的になるのを強いられることはないでしょう。もし、男性がコントロールする必要がなければ、女性はコントロールされることはないでしょう。

男性も女性も、繊細でいられる自由、強くいられる自由があるべきです。今こそ、対立した二つの考えではなく、広範囲な視点で性別を捉える時です。（☆６）

こんなふうに視野を広く持って、自分を自分らしく表現して素敵に生きている女性が世界にたくさんいるんだと知る機会を、なるべくつくってあげたいと思います。

☆１　斉藤章佳『しくじらない飲み方――酒に逃げずに生きるには』集英社、２０２０年所収。
☆２　アルテイシア『オクテ女子のための恋愛基礎講座』幻冬舎、２０１６年。

☆3　八田真行「凶悪犯罪続発！　アメリカを蝕む『非モテの過激化』という大問題」『現代ビジネス』２０１８年7月1日（https://gendai.ismedia.jp/articles/-/56258）、「性的不満が背景のテロ罪、17歳少年を起訴　カナダ初」『BBC NEWS JAPAN』２０２０年５月20日（https://www.bbc.com/japanese/52737100）のほか、英語圏の記事を複数参照して筆者がまとめたもの。

☆4　小川たまか「『リアルナンパアカデミー事件』裁判で見えた、犯行の奇妙な構図」『現代ビジネス』２０１９年2月15日（https://gendai.ismedia.jp/articles/-/59788）。

☆5　清田隆之「女子小学生にまで求められる〝モテ技〟。男はなぜ『さしすせそ』で気持ちよくなってしまうのか」『QJWeb』２０２０年5月16日（https://qjweb.jp/journal/20033/2/）。

☆6　山光瑛美「エマ・ワトソンが国連スピーチで語ったこと。『なぜ、フェミニズムは不快な言葉になってしまったのでしょうか？』」『Buzzfeed News』２０１７年10月6日（https://www.buzzfeed.com/jp/eimiyamamitsu/emma-watson-heforshe-speech）。

清田隆之さん（桃山商事代表）に聞く「男子って、どうしてああなんでしょうか？」

Kiyota Takayuki
1980年生まれ。大学在学中に依頼を受けて恋愛相談を聞く活動を始め，恋バナ収集ユニット「桃山商事」を名乗る。これまで1200人以上の悩みに耳を傾け，雑誌やウェブメディア，ラジオ等で恋愛とジェンダーについて発信。『よかれと思ってやったのに』（晶文社），『さよなら，俺たち』（スタンド・ブックス）ほか著書多数。朝日新聞土曜版 be での「悩みのるつぼ」回答者も務める。

太田　清田さんは「恋バナ収集ユニット」として、いろいろな人の恋愛話を聞く活動をされてきて、その経験から書かれた『よかれと思ってやったのに――男たちの「失敗学」入門』（晶文社）などをおもしろく読みました。女性たちの恋バナ（恋愛話）を聞くなかで、気づくとだんだんとジェンダー平等的な観点が備わってきて、自分の過去の言動を振り返って冷や汗をかくこともあったと書かれていますね。

「大学でジェンダーを研究してきました」とか「性差別について学ぼう！」とかではなく、ただ恋バナに興味をもって収集していたら、いつしか自然に自分も当事者である男性性の呪縛に気づいた、というのはとても興味深く、どういうプロセスでそうなったかを、ぜひうかがいたいと思いました。

清田　よろしくお願いします。

男子校の価値観の中ですくすく育った中高時代

清田　大学時代から、何人かの男友達と一緒に女子の恋バナを聞くという活動をしていて、のちに「〝恋バナ収集ユニット〟桃山商事」を名乗りはじめました。
大学に入る前は中高一貫の男子校だったので、女性との接点がほとんどなくて、小学校の同級生とたまたま通学で一緒になるくらいです。学校は男子だけだし、所属していた地元のサッカークラブでも男ばかり。そういう環境で、すくすくと「男子」として育ったと思います。

太田　「すくすくと男子として育った」、そしてジェンダー平等的な目線をある程度もつようになったいま、その育ち方を振り返って見ている、という男性のお話をこそ聞いてみたいと思っていました。

清田　遡《さかのぼ》ると、小学校のとき通っていた塾で圧倒的に頭のいい女子がいて、ライバル視していたものの、まるで歯が立たなかったという思いがあって。それまでは、なぜかナチュラルに「勉強でも運動でも男子のほうが優れている」と思っていたのが、その女子は足まで速くて、圧倒的な敗北感を覚えたという経験が大きかったような気がします。

あと、実家は昔ながらの商店街の電器屋だったんですが、時代がバブルで儲かっていたらしく、母親が僕をお坊ちゃん学校に入れたかったようで、中学受験をしたんです。でも第一志望の立教中学に落ち、日大豊山という中高一貫校に進学します。それも自分の中で大きな挫折経験だったと思います。親の期待に応えられなかったという。

太田　子どもにとって、そういう負い目は大きいですよね。

清田　中学になると、身長もまわりにどんどん抜かれるし、サッカーでもだんだんと活躍できなくなり、成績も赤点ギリギリというありさまでした。そういう中で、小学生のころ持っていた自分への根拠のない自信がボロボロと崩れていった。

男性学の研究者である田中俊之先生が、「男性は、達成か逸脱のどちらかで自分の存在証明をしようとする」という傾向を指摘されていますが、自分もまさにそうでした。成績やサッカーという「達成」の道では望みが薄いとわかったので、それなら今度は「逸脱」の競争で勝とうと。それで高1くらいから「オモシロさを身につけねば!」という路線をめざしはじめたんです。で、いかにも男子校なのですが、手始めに着手したのが「とりあえず脱ぐ」という……(笑)。

太田　とりあえず脱ぐんだ(笑)。わかりやすく手軽な逸脱行動なんですかね。

清田　授業中、いかに先生にバレずに下半身を出すかに命をかけるような。バカなんですけど、周囲もそれをおもしろがるし、「あんな怖い先生の授業でお前、よく脱いだな」と称賛されたりする。

太田　それがおもしろさの基準になるわけですね。

清田　それでどんどん味をしめて、今度は「人前でちんこも出せないやつはダセえ」みたいなマウンティングが始まるんですよ(笑)。振り返ると何やってたんだろうって感じなんですが、「自分を捨てられないやつはカッコつけててダサい」と本気で思い込んでいた。ＴＨＥ・ホモソーシャルという、すごいマッチョな発想なんですが……。

受験での挫折、そして「恋バナ収集」へ

清田　ところが、高校生になると合コンに誘われるようになったり、彼女ができたりする友人も出てくる。恋愛というものも価値が高まっていくなかで、どうやら自分は女子にモテないのかも……という疑惑が生じてきました。男子校的な価値観で自分よりも下にいると思っていた、全然おもしろくない感じの友人がモテたりする景色を目の当たりにし、どうやら「オモシロ」と「モテ」の尺度はまったく違うものだということがわかってきた。「背が高い」とか「カラオケが上手い」とかのほうが女子にはモテるらしいぞ、と……。

太田　男子校の中の価値観が、恋愛では通用しなかったと。

清田　そうなんです。サッカーでもレギュラーになれないし、勉強しないから成績も悪い。完全に壁にぶつかった感じがあって、受験で一発逆転を狙ったんです。日大の付属なので生徒のほとんどが内部進学

する学校だったんですが、「俺は他のやつらと違う」と思いたいがために、あえて外部受験することに決めて。周囲の友達が秋に推薦テストを終え、免許とったり合コンしたりと楽しく過ごしているなか、ひとりだけ予備校に通っていくつかの大学を受けたものの、結局は全滅して浪人することになりました。親からしたら、大学までエスカレーターで行ける私立の一貫校に入れたのに、それを蹴って浪人するなんて、とんだ金食い虫ですよね……。それで「大学は奨学金で通うから」と頭を下げ、尻に火がついたその1年間は猛烈に勉強をして、憧れだった早稲田大学の文学部に入ることができました。

しかし、進学したら今度は女子ばかりの世界で……。文学部のしかもフランス語クラスだったこともあり、女子が7~8割という環境に入ってしまい、めちゃくちゃ恐怖を覚えました。

太田　極端に違う環境になったんですね。

清田　それまで女子との接点が合コンしかなかったので、クラスメイトとしてたわいない会話をするみたいなコミュニケーションが全然できず……ほんとうに混乱しました。しかも、女子が隣の席にいるという状況が不慣れすぎて、リアルに汗が止まらなかったり、自分からヘンな音やニオイが出てるんじゃないかという妄想にかられ、女子からキモがられているんじゃないかって、ずっと怯えてました。

太田　大学生のころはまだそういう、初々しいというか世慣れていない感じがあっても普通かとは思いますけれど、そんな男子大学生がどうしてまた女子の恋バナを聞くように？

清田　フランス語クラスに固定の班があって、そこの女子たちと徐々に仲良くなることができまして。それでグループで一緒にランチをしたりするなかで、自然と恋バナを聞くようになったんですね。

太田　女の子たちからすると、失礼な言い方で恐縮ですが「恋愛対象ではないけど、だからこそ安心して話せる男子」みたいな感じだったんでしょうね。

清田　まさにそんな感じです。「きよぷ」ってあだ名をつけられ、害のなさそうな男子認定を受けたんですが、いただいたキャラは大事にせねば、と……(笑)。それで近況報告とか、ときには「男子の意見を聞きたい」と恋愛相談みたいなものを受けるようにもなりました。でも、自分の経験だけでは言えることが少なすぎたので、中学や予備校時代の男友達に声をかけ、複数で話を聞くようになったんです。そのスタイルがめずらしかったのか、口コミで広がって友達の友達とか、ときには近隣の女子大の学生からも依頼が来るようになって(笑)。その感じが仕事っぽくて、会社ごっこのノリで「桃山商事」という名前をつけ、本格的なサークル活動みたいになっていきました。

なぜかみんな同じ話をする

清田　そういう遊びで始めた活動だったので、最初はジェンダーなんて考えてもいなかったんですが、たくさんの恋バナや悩み相談を聞いていくうちに、多くの女子が同じような愚痴や不満を口にしていることに気づきました。典型的なのは「釣った魚に餌をやらない男」で、つきあいはじめるまでは熱心にアプローチするのに、つきあいだした途端にデートもしなくなるとか、彼女の部屋に入り浸ってセックスばかりしているとか。すぐに黙り込んで不機嫌になる彼氏も多かったし、パチスロにはまって金を返さない彼氏もけっこういまして……「これって〝あるある〟なの？」という思いが募っていきました。

一方で、そんな話を聞くなかで「自分にも思い当たる節があるんじゃないか……」という思いも芽生えてきまして。たとえば僕は高3のとき、バイト先で知り合った女子とはじめておつきあいをしたんですが、思い返すと当時の自分も、彼女の前で不機嫌に黙り込んで威圧するようなことをしていたかも……とか。そういう過去を思い出すと、恋バナを聞いて「いやーひどい彼氏だね」と頷いている自分との整合性が、だんだんとれなくなっていきました。

太田　なるほど。他人の話として距離をもって聞いていたはずなのに、自分の中にも何か通じるものがある気がしてきたんですね。

清田　それに、互いの過去を知る友達どうしで活動していたのも大きかったかもしれません。女子から恋愛相談を聞くときって「お前も似たようなことしてたよな」とか、自分たちのしょーもなさを暴露しあったりもするので、「相談に乗る側」という偉そうな立場からすぐに引きずり下ろされてしまう。そういう過程の中で、過去の自分のふるまいを半ば強制的に再解釈させられ、後から「どうしてあんなことをしちゃったんだろう……」と反省会になることも少なくありませんでした。

初期のほうは、傷心している女子を盛り上げようとやたらハイテンションで頑張っていたんですが、それだと結局お互い疲れてしまい、うまくいかないことも多かった。逆に、仲間内では「話がつまらない男」とバカにしていたメンバーが、実は聞き役としてすごく優秀だったということもわかってきました。そういう経験から、それまで自分がしていたのはコミュニケーションというよりプレゼンテーションだったのかも……と思うようになったんです。

太田　なるほど。「聞き役としての優秀さ」というのは大事なキーワードだろうと思います。プレゼンテーションはできてもコミュニケーションができない人に足りないのは、「聞く」「聞いて相手の話を理解しようとする」という作業ですからね。本人としてはコミュニケーションしているつもりなんだろうけどプレゼンテーションになっちゃう男性というのは、たしかに見かけるなあ……。プレゼンは話者と聞き手の立場が固定化した一方通行だけど、コミュニケーションは双方向という点が違うわけですが。

清田　それはコペルニクス的転回のような体験で、「俺らがしゃべるより相手の話を聞くほうが相談者さんは元気になる」という、言われてみれば当たり前なんですが、我々にとっては大きな気づきとなり、

それからは「話を聞く」ことが活動の中心になっていきました。
そうして収集した恋バナを、文章やネットラジオでアウトプットすることも増えて、しだいに「これはもしかすると、いわゆるジェンダーという問題なのか?」と考えるようになったんです。

他人の恋バナが自分を顧みるきっかけに

太田 仲のいい男性どうしで、失敗談とかお互いのダメなところをネタにするのはよくあると思いますが、それを笑いっぱなしで終わらせず、自分の内面を深掘りするような自省に結びついたのはどうしてなんでしょう。

清田 彼氏のふるまいで実際に傷ついたり悩んだりした女子を目の前にすると、男どうしで笑いあって話が終わるみたいな感じにはならないんですよね。他人事にできない切実な問題として考えざるをえなくなる。そうするなかで、少しずつ共感の解像度が上がっていったという感覚があります。当事者の生の反応を見ているうちに、それはほんとうにつらかっただろうな、泣くほど悔しかったんだろうなと、その人の「一人称の視点」みたいなものがおぼろげながら見えてきたりしまして……。

太田 「共感の解像度」というのも大事な言葉ですね。それを上げていくことがコミュニケーションスキルアップでしょうし、どうしたらそれができるように子育てしていけるのかが私の関心事です。
当事者の生の反応を見るなかで「一人称の視点」みたいなものが見えてきたという、とくにそう感じたエピソードはありますか。

清田　たとえば、パチスロにはまって相談者の女性に金をせびる彼氏の話を聞いたんですね。彼女も不満を募らせていたので、「ほんとダメ男ですね！」ってこき下ろしていたら、「あなたたちに何がわかんのよ！」ってキレられまして……。こっちは共感しているつもりだったのに、なぜか逆に怒られて、そのときは驚いたんですが、よく考えてみたら、好きな恋人を初対面のやつらにけなされたら嫌だよなって思い直しました。

彼氏から容姿をバカにされて傷ついている女性も多かったです。太ってるとか胸が小さいとか、髪型を変えたら似合わないとか。彼氏側は「いじり」や「からかい」のつもりで言ってるようで、女性たちもとっさには怒れなかったみたいなんですね。でも、現実には心ないひと言で傷ついている。そういう女性たちの話を聞きながら、自分も過去に恋人の髪型を人前でいじり、泣かせてしまったことがあるなとか、いろいろ思い出しました。自分ではネタとか悪意なきからかいのつもりでも、それは勝手な言い分だったな……と反省することしきりでした。

太田　女性が彼氏から容姿をけなされたり、からかわれたりしても、とっさには怒れないというのは〝あるある〟ですよねえ……。私もあります。20年経ってもけっこう鮮明に覚えているというのは、我ながらなかなかしぶとい怒りですが、そのときは何も言えなかったし、軽いノリだったから相手は覚えてもいないだろうな。それくらい容姿をけなされるって傷つくものなんだけど、「いじり」だからと正面から怒りづらかったりしますね。

仕事で受ける離婚案件で、男性のダメな言動の例は、そういう容姿をけなすようなものも含め、ほんとうによく見ます。折あるごとに夫から「ブス」「少しは痩せろよ」と言われるとかね……。妻から離婚を切り出され、調停や裁判になるほどの夫婦関係の危機を経験しているはずなのに、それでもまったく自分に内省が向かなくて、危機の原因は「自分のことを理解しない妻だ」と他責したり、「自分には何も問題はないのに妻の心が離れていったということは、そうかきっと浮気相手がいるんだな」などと根拠なくストーリーを作ってまで、自分に原因があると考えることから逃げているというか、できない男性をよく見るので、男性が自省に向かうきっかけにはとても関心があります。うかがって思うのは、清田さんの場合、自分自身の恋愛関係ではなく第三者として他人の恋バナを聞くという適度な距離感が、自分を客観視する効果を生んだのかもしれませんね。

清田　ホントそうですね。複数人で女性の話を聞くという構造もよかったと思います。男どうしで失敗談をネタにすることはあっても、恋愛がらみの、男友達にはあまり見せたくないような恥部や内面をさらけ出す機会ってあまり多くないですもんね。

太田　清田さん以外のメンバーの方も似たような変化を実感されているのでしょうか?

清田　僕含め、この活動をしていなかったらジェンダーのことなんて考えもしなかったと思います。自分の中にも確実に染みついている「有害な男性性」を責められたり否定されたりする気になることもあり、反射的に言い訳したくなることも多々あるんですが、そういった感情からいったん距離を取り、女性たちの話を論理的に読解するような気持ちで聞けるようになったのも大きいように思います。

自分を正当化するロジックをひねりだす男

太田　入り口はいかにも男子的なノリで始まった活動なのに、女性の話に謙虚に耳を傾ける姿勢が自然に生まれていったのはすごくおもしろいし、そういうふうに変化できることもあるんだと、とても希望を感じます。「有害な男性性」に囚われきってしまうと、たぶん、それがなかなかできないんですよね。相手の話に耳を傾けて、いったん受けとめて理解して、というコミュニケーション自体が。

離婚案件ではよく、「夫とは話し合いにならない」「会話自体が成り立たない」「どう伝えても伝わらないから、もうダメだと離婚を決めた」といった話を聞かされます。「マンスプレイニング」という言葉がありますが、まさにそれで、自分は常に「女性に教える側、主導する側」でいたくて、女性から学ぶとか導かれるというポジションに立つことに、この男性はどうにも耐えられないのかなと感じることがあります。

清田　中高時代に女子との接点が皆無だったこともあり、女の人のことがいまでもよくわからないんです。それで女性の言葉を絶対視してしまう部分が正直ある。それでも昔は、無自覚にマンスプレイニングとかしちゃってたと思うんですが、とくにジェンダーの問題に興味をもって以降は、偉そうにふるまって女の人に嫌われることを極度に恐れている感覚がありまして……。もっとも、これは上野千鶴子さんの著書で知ったことですが、女性を神格化するのもミソジニー（女性嫌悪）の一種なんですよね。女性のことがわからない、わからないから怖い、怖いから敵対視か絶対視のどちらかになってしまう……みたいなところもあるかもしれません。

太田　なるほど。そうですね、女性は神じゃなくて、男性と同じく人間ですからね(笑)。男性の下にも上にもいない、という。

清田　あと、子どものころからサッカーをやってたことも影響しているかもしれない。というのも、スポーツって能力や技術の差が可視化されてしまう部分があって、勝敗もはっきり出るじゃないですか。そういう経験を通じて、「これは明らかに自分のほうが劣ってる」ということを認める判断軸みたいなものが自分の中にインストールされたような気がするんですね。

一方、言葉をやりとりする場面では、そういう絶対的な差が可視化されづらい。明らかにあちらの言い分が正しくても、それを認めず、いくらでも言い訳や正当化のロジックをひねりだせてしまう。これはとりわけ男性に顕著な傾向だと思います。ＡＶ監督の二村ヒトシさんはそれを「インチキ自己肯定」と言っていますが、明らかに負けてるのに、事後的に理屈を作りだして「負けてないことにする」というのは、多くの男性が日常的にやってることだと思います。

くだらない例ですけど、サウナで一緒になった人と無言のうちに我慢比べみたいになって、先に出たほうが負け……みたいな意識って〝男性あるある〟だと思うんですよ。昔、男友達とサウナに入ったときも若干そういう空気になったんですが、僕はわりと長く入れる体質で、友人のほうが先に出ることになり、その去り際、彼が「サウナ飽きたから出るわ」って言ったんですよ。

太田　（爆笑）

清田　「入ろうと思えば全然まだ余裕なんだけど、飽きたから出る」というロジックで（笑）。

太田　競争軸を変えて、「俺は別に負けたんじゃないぜ」と（笑）。

清田　競争じゃないのに勝手に競争意識をもって、しかも屁理屈でそれをひっくり返して、負けてないことにする……これってすごく男子的なエピソードですよね。

太田　「インチキ自己肯定」か、なるほど。まあ、サウナの我慢比べくらいだったら笑っちゃいますけど、しかし俺が負けなら負けでいいじゃん、という発想の対極なわけですね。「負けてないことにするためにアナザーストーリーを作る」という。負けを認めたら何が困るのか、自分が弱いと何が怖いのか、何が不安なのか。そういう自分の感情の揺れを見つめて向きあうというのは大事な作業だと思いますが、インチキ自己肯定をしてると、その向きあいをせずに済んでしまうわけですね。自分に対するごまかしみたいなものですが、重要なところでこれをやってしまうのは危ういですね。

言語化する力の差はなぜ生まれるのか

太田　お話をうかがって思うのは、やはり言語化することの大事さですね。男性が自分の感情を言語化する力に乏しいというのはよく言われますが、たぶん生まれつきの差ではなくて、女性は女性としての経験をするなかで内面を言語化する力を鍛えられていくんだろうと思います。筋トレみたいなものですよね。

清田　ほんとうにそうだと思います。「会話の筋力」みたいなものが男女で違いすぎる。恋バナしていても、男性から聞くエピソードはディテールに乏しく漠然としていて、何を言いたいのかよくわからないことが多いです。

太田　やはり自分の属性にマイノリティ性があると、経験の言語化を迫られやすいんでしょうね。私自身、たとえば日本生まれの日本国籍なので、普段は自分のエスニシティ（民族性）を意識化することは少ない。民族的にマイノリティの人は、それを常時意識させられる経験をしますよね。私も海外に移住したりすると、常にそれを考えて言語化せざるをえなくなるんだろうと思います。

日本にいると、日本国籍でシスジェンダー（☆1）で異性愛者で健康で……みたいな男性は、自分がマジョリティ属性持ちであることを意識する機会がおそらく少ないでしょう。その結果、自分の属性にかかわる問題を言語化して見直す必要に迫られることが、マイノリティ属性持ちに比べればなかなかない。だから何かことが起きたとき、自分の属性にかかわる問題を語る言葉が乏しかったりして、認識にも至りづらいことがあるのかな。

清田　「感情の言語化」ってすごく大事な概念だと思うんですが、そのことすら男性たちはピンとこないかもしれない……と感じることがあります。「言語化していない」という意識すらないような気もします。

太田　そうか。言語化できなくて困った、といった経験が乏しければ、言語化していない／できていないということ自体に気づくこともあまりないのかもしれないですね。

清田　『ソーシャル・マジョリティ研究』（☆2）という本の中で、感情の言語化のメカニズムが説明されています。それによると、まず身体の中でなんらかの反応が起こり、そこへ言葉のラベルを貼りつける。それがうまく結びつくことで言語化が実現されるそうです。

身体反応というのは、たとえばお腹のあたりがキュッとするとか、呼吸が浅くなるとか冷や汗が出るとか、そういったことです。身体反応が先にあり、「これは緊張だ」「相手に萎縮しているからだ」などと文脈的な理解ができたときに、はじめて感情が言語化される。それはある程度の訓練を要する作業だと思うんですが、その習慣がないと、身体反応そのものを感知できなかったり、実感と異なる言葉のラベルを貼りつけてしまいかねない。たとえば、ほんとうは恐怖によって足が震えているはずなのに「これは武者震いだからびびってない」と思い込み、心の底にある恐怖を拾えない、とか……。こういうことって男性によく起こると思うんですよ。自分を不快だったり不安にさせている原因が把握できないから、「よくわからないけど早くこれを取り除け！」とばかりに、不機嫌な態度や他者への暴力といった形で発露されてしまうんだと思うんです。

太田　なるほど。とりわけ身近な女性とかTwitter上のフェミニストとかが、手ごろな攻撃対象にされてしまいがちなのかも。

清田　いま僕は双子の赤ん坊を育てていますが、赤ちゃんってそうですよね。とにかく不快だ、不快の原因を取り除いてくれ、と訴えて泣く。そういう感じに近いんじゃないかと……。

太田　よくわかります。清田さんの本の中で、男性は「自分の感情に対する解像度が低い」と表現されてましたが、これはすごく的確な表現だと思いました。

清田　「俺は不快だ、それはお前のせいだ」みたいなのを言語化とは言わないはずですよね。

太田　40年、50年と生きてきてもそれが身についていない男性は、いまからどうしたらいいのかと考えてしまいますが……。

DVとかモラハラ加害者の典型的な行動のひとつとして、「コミュニケーションの意図的な省略」というのがあります。妻とのコミュニケーションを意図的に拒絶し、その拒絶を露骨にアピールするという行動をとるモラハラ夫がいます。「お前と会話する必要はない」ということなんでしょうが、話しかけられても表情も変えず、聞こえないふりをするとか。廊下ですれ違うときも、誰もいないかのように真ん中を歩いてよけもしないで、ぶつかっても、ぶつかったことさえ気づいていないようにふるまう、とか。実際に聞いたことがある事例です。

清田　ひどいですね……。

太田　コミュニケーションを遮断されることで、妻の側は不安になって、こうすればいいのか、ああすれば夫は満足するのかと、モラハラ夫の意向を忖度《そんたく》した行動をしてしまう。すると夫は「妻が自分の意思でやったので、自分が強要したわけではない」と考える。でも、その妻の行動はモラハラ加害者の意図的な行動の結果なんですね。

夫が数カ月間、妻を無視し続けたという事案があって、妻は思い悩んで周囲が驚くほど体重が激減するんですが、何がいけないのかとくりかえし尋ねても夫はあえて言わない。のちに尋問で裁判官から「どうして言葉で言わなかったんですか」と問われた夫は「妻に察してほしかった」「自分が言わなくても妻に察してもらうことに意味があった」と。

清田 言葉で説明しないくせに、察してはほしいんですよね。たちが悪すぎる……。

太田 やっぱり、コミュニケーションって相手を対等な存在と見ていないとできないんですよね。召使いなら命令だけで済むわけだから。

言語化のトレーニングはどうすれば？

太田 さっきのサウナの話ではないですが、うちの息子たちも兄弟で常に張りあっていて、ほんとうにどうでもいいことでいちいち競争するんですよ。それで負けたほうが悔しくてワーッと泣いたりして。そこで「何が悔しいの？　ママに説明してみて」と言語化を促してみようとするんですが、次男のほうは年齢的にまだ言葉が乏しいせいもあるんだろうけど、「うんこ！」としか返さなかったりして、それこそ会話にならず……。

清田 （笑）

太田 でも、そこで「あなたはいま、こんな気持ちなのね」と先回りして言語化の機会を奪ってはいけないと思うので、あえて言わずに「言葉で言わないとわからないから、言ってごらん」と言うようにしていいます。でも実は、わからないというのは嘘で、親としてずっと見てきてますから、ほぼわかるんですよね。それで一度、長男に「ごめん、ママほんとはわかってるんだけど、あえてママからは言わないの。自分で言葉にするのが大事だから」と言ったら、泣きながら「わかってるよ、相手がママだから甘えてるんだよ」って。

清田　すごい……息子さんなりに言語化してますね。

太田　それを自覚できているなら、とりあえずいまはまあいいか、なんて。

清田　言語化に関しては女性のほうが圧倒的に訓練されている印象があるんですが、それってなぜなんですかね？

太田　私個人でいえば、なにか悩んだりイライラしたときに、日記帳に書き出して言葉にすると整理できてすっきりするというのは、思春期のころから実感していました。大人になってからは友達とのおしゃべりとかチャットで解消していますけど。逆に、言葉にしないとモヤモヤがたまるんじゃないか、それはどうやって発散するの？　と思ってしまいます。

男子は「努力して手に入れる」物語に弱い

清田　言語化の話でひとつ思い出したんですけど。高校生のとき、男友達3人と「好きな子に告白しようと思ってる」みたいな恋バナをしていたことがあったんです。誰かに好意を抱いたら、その人とコミュニケーションをとって、共通点を見つけたりして距離を縮めていくというのが合理的なプロセスだと思うんですが、そのときの僕らは何を思ったのか「じゃあ、走ろうぜ！」ってなって。

太田　え？（笑）

清田　「これからダッシュ10本走ったら、きっとつきあえる！」みたいな（笑）。そういうのって男子の世界では〝あるある〟だと思うんですよ。部活でインターハイ出場したら、あの子に告白するとか。

太田　ああ、なるほど。

清田　好きな人と親密になりたいという欲求に対して、コミュニケーションで関係性をつくるとか、距離を縮めるために必要なことを合理的に考えるんじゃなくて、「なにかの試練に頑張って耐えたら恋愛が成就する」みたいな発想って、なんなんだろう……。恋愛とはまったく関連しない目標を勝手に作って、それをクリアすることに熱心になるっていう。実際、当時の僕らもダッシュで走って、なんか気持ちよくなってるんですよ。

太田　それはありますね。頑張った結果としてのトロフィーというかご褒美というか。高校生ならまだ「幼いな」で済む気もしますけれど、ちゃんと成長しないと、恋愛や結婚をなにかのご褒美のように捉える男性は大人にもけっこういると思います。「トロフィーワイフ」という言葉がありますが、配偶者や恋人を対等なパートナーとしてではなく、自分の成功に付随する財貨のように捉えるという。そういう人は、パートナーを他人に自慢したりして一見愛しているように見えるんだけど、大事にはしてないですよね。

清田　仕事を頑張ることと家族を守ることがイコールだという発想が強くあって、家事や育児のことで文句を言われると「俺は会社でこんなに苦労してるのに！」と被害者意識を抱いたりする。家族として生活を一緒に運営していくことと、仕事での努力は別文脈の話だと思うんですが……なぜか結びついてしまっている。離婚調停の現場にも、そういう考えの夫はけっこういそうですよね。

太田　多いですね。会社で心身を削られても我慢して頑張っていることへの対価として、妻子は自分をリスペクトし癒やすべきだと期待していて、その期待が叶えられないことに怒りを感じてしまう。でも妻は妻で、仕事やら家事やら育児やらで疲れているんだから、常に癒やし担当はできないわけで。

清田　こんなこと言ってますけど、自分も浪人生のとき完全にそういう心境でした。つきあってた彼女ともほとんど会わず1年間ひたすら勉強に打ち込んで、やっと志望校に合格した後、意気揚々とした気持ちで彼女に報告の電話をしたんです。そしたら、なんかリアクション薄くて「よかったね、おめでとう」みたいな。それに僕は「それだけ⁉」って、すごくカチンと来ちゃって。

太田　俺はこんなに頑張ったのに、と。

清田　一気に不機嫌になってしまいました……。考えてみれば、浪人中ほとんど彼女と会っていないから、僕がどんな苦労をしたかを彼女は知らないわけですよね。なのに、勝手にこちらの気持ちをわかっているはずと思いこんでいた。

　桃山商事でも似たような話を聞いたことがあります。夫の仕事が忙しくて、帰宅しても黙り込んで妻とは会話しない。ようやく仕事の忙しい時期を乗り切った夫が妻に「やっと終わったよ」と報告したら、妻はその大変なプロセスを共有していないから「そうなんだ、大変だったね」としか言えない。それで夫は「俺はこんなに苦労したのに、その態度はなんだ!」とキレてしまったというエピソードで。

太田 あるあるですね。

清田 浪人時代の僕もまったく同じ構図ですよね。受験勉強を頑張る↓合格する↓彼女との恋愛が盛り上がる、みたいな謎の図式を勝手に思い描いていた(笑)。それで合格したから勝手に盛り上がって、彼女にも称賛してもらえるものだと。

太田 「お前も待たせて寂しい思いをさせたな……」みたいな(笑)。

清田 完全にそれです(笑)。別文脈の問題を勝手に接続させていたってことに当時はまったく気づいていませんでした。

「男の子向け」のファンタジーの定型?

太田 そういう、「外」でのなにかの競争に打ち勝つと「内」での恋愛要素の充実がご褒美としてついてくるというのは、男の子向けファンタジーのひとつのテンプレート的なものかもしれませんね。苦行に耐えて敵に勝つ、社会的成功を得る、すると恋愛的成功も自ずと伴ってくる、という。

清田 たしかにそうですね。内面とか関係性とかよりもバトルで勝利。マンガ以外でも、スポーツで勝利した選手が「妻子の支えのおかげです」と語ったりするのも定番です。そこでは、競争での成功と家庭の円満がなぜかセットになっている。「努力して達成した自分は、異性との関係でも報われるはず」というストーリーを勝手に描いてしまうのは、マンガやドラマを通じて作られた下地があるのかもしれない。僕が小学生のころは、そんなストーリーを地で行く『ドラゴンボール』や『スラムダンク』が大流行してましたし……。

太田　そういう成功譚《たん》を無意識になぞって期待してしまうこともあるんでしょうね。期待してはいけないとは思いませんが、期待が外れて「あれ？　こんなに成功したのに彼女ができないなんて、話が違う」という思いが、女性へのうっすらした反発に結びつかなければいいのですが。

　努力の結果として社会的成功を果たすのは素晴らしいことだし、努力や社会的成功に魅力を感じた素

敵な女性とご縁があるというのは現実にもありうることでしょうが、よく考えたら、私は「女の子が社会的に成功したら、素敵な男性とのご縁もセットでついてくる」というような刷り込みを少女マンガから受けた記憶はないな。社会的成功と恋愛的成功のリンクについて社会からどういうストーリー、メッセージを受け取るかについては、やっぱり性差を感じます。

うちの息子はマンガをよく読むので、どうせなら良いマンガを読んでほしいと積極的に私が選んで家に置いています。少年マンガ誌の掲載作品もありますが、少女マンガもよく読んでいて、田村由美作品とかは息子も大好きです。清田さんは少女マンガも読まれますか?

清田　子どものころは少年ジャンプ的な世界観にはまれず、少女マンガを読んでいました。隣に住んでいた幼馴染みのお姉ちゃんが僕を洗脳しようとしたみたいで(笑)、その影響も大きかったです。とくに吉田秋生さんの『BANANA FISH』にめちゃくちゃはまっていました。強さだけではない男性の魅力や友情関係が描かれていたし、最新作の『海街 diary』とかも、やっぱり内面描写が豊かですよね。

太田　そうですね。私の知り合いの男性にも少女マンガをよく読んでいたという人がいて、大人になったいまジェンダー問題についてよく理解されているのは、たぶん無関係じゃないのではと思います。『BANANA FISH』は主人公アッシュの性被害や、それに基づく女性の性被害への洞察なんかも描かれているし、『海街 diary』も、サッカー好きの元気な女の子とそれが好きな男の子を描いていて、いろいろと素敵ですよね。そうか、あれも息子に勧めてみよう(笑)。

清田　あと『ちびまる子ちゃん』をはじめとするさくらももこ作品も大好きなんですが、登場する男子や大人の男がみんないい感じにショボくて、偉そうじゃない。そしてみんな欲望のまま自分勝手に生きている。それがいいんですよね。

太田　男性の弱さとかショボさを愛をもって描くというのはいいですね。少年マンガにも、男性性の呪縛から解放されることを自由で素敵だと感じさせるような、男性のロールモデルになる魅力的なキャラクターがもっと増えるといいなと思います。

「非モテ」意識の苦しみをどうしたら解けるか

太田　「男性の弱さ」といえば、「弱者男性」とか「非モテ」といったネットスラングがありますね。どちらも男性に対する蔑称ですから、本来使うべきではない言葉だという意味で、ここではあくまで「」をつけて用いますが、「女性よりも『弱者男性』のほうがつらい」「フェミニズムは『弱者男性』は無視するのか」とか『弱者男性』は『弱者男性』どうしで助け合え」みたいな話題は定期的にSNSで見かける気がして、当事者意識をもっている人はけっこう少なくないのかなと思っています。この「弱者男性」「非モテ」という自意識が気になっているのは、最近世間でも問題意識がもたれはじめている、女性へのオンライン上の激しい攻撃の背景のひとつに、そういうものもあるのではと推測しているからでもあります。そういう「弱者男性」「非モテ」という意識を深刻にこじらせてしまうと、一部には「インセル」のように女性への敵意や暴力の形で発露してしまう場合もあるのでは。清田さんたちの活動から、そういう感覚の男性に、なにか救済のヒントはあるものかどうか。どう見られていると思いますか。

清田 男性における「非モテ」意識は、めちゃくちゃ難しい問題だと感じています。恋愛的な機会に恵まれない場合だけでなく、好きな人に振り向いてもらえなかったとか、自分のお見積もり以上にモテていないとかでも、そういう意識をもってしまうことがあると思うんです。実際に僕も高校生のときに自分は女子にモテないと悟り、そのとき「非モテ」意識がインストールされた感覚があるんですが、一方で「彼女できたことがあるやつに『非モテ』を語る資格はない」と男友達から説教されたこともあり……どう考えたらいいのか、よくわからないというのが正直なところです。

ただ、一定数の男性の中には、女性から性的に承認されないこと、受け入れてもらえないことが、アイデンティティにかかわる深刻な問題になってしまう部分が確実にあると感じていて、僕もそういう思いに苛まれたことがあります。そしてそれは、「彼女がいない、この一点で人生崩壊」と言って秋葉原通り魔事件を起こした加藤智大のように、非常に極端な形で爆発することもありうるわけで……丁寧な議論が必要な問題だと思っています。

太田 そういう「非モテ」意識に苦しんでる人たちこそ、実は男性性に苦しめられているんだろうから、そこから自由になる方向をめざしたらきっと幸福度は上がるよ……と言いたいですが、女性でフェミニスト的なことを言っている私みたいなのの指摘では反発されやすい気がするんですよね。プライド……という言葉でいいのかどうか、なにか魂のとてもデリケートで傷つきやすいところにふれてしまう気がして。同性からの声のほうがまだ響くんじゃないかなとも思ったんですが、そんなに単純でもなさそうですね。

でも私は最近、そういう男性に対してもほぼ親目線というか（笑）、息子も含めどの男の子も今後そういうふうに苦しむ可能性があると思っているので、どうしたら彼らの苦しみを解毒できるか、全男性がそういう苦しい罠に落ちないためにはどんなことが必要なのかな……と真剣に考えてしまう。

清田　そうですよね……。ジェンダー教育も必要だと思いますし、男性どうしの相互ケアが大事という声もありますよね。また、ノウハウを学んで恋愛の現場に出ようという意見もあるし、ラディカルなものになると、ナンパによる自己啓発を勧める本などもある。でも人によって状況も環境も異なるだろうから難しいですね。

自分の場合は大学生のとき、立て続けに失恋して「俺はなんてモテない男なんだ！」と気持ちを腐らせた時期がありました。そのとき癒やしになったのがとあるインディーズアイドルグループで、そのメンバーが声優を務める恋愛シミュレーションゲームにもめちゃくちゃはまりました。当時の自分にとってはとても快適なファンタジーで、よりどりみどりのかわいい女の子たちが、なぜかぱっとしない俺を好きになってくれるという……それが最高で、「もう彼女とか要らねえ！」って友達と盛り上がったことを覚えています。

太田　（笑）。恋愛ゲームなどにはそういうテンプレートがありそうですよね。「さえない自分を、さえないままずごく素敵な異性が好きになってくれる」という。

清田　アニメやゲーム好きの男性をイコール「非モテ」男性と結びつけるのはあまりに乱暴すぎますが、一方でネットでは、たとえばアニメの女性キャラクターを起用した広告が「過度に性的な表現」と批判されて炎上する事件がたびたび起こりますよね。フェミニスト女性を敵視して攻撃をしかける男性アカウントをよく見かけますが、怒ってはいるけど、どこか脳内物質がジャブジャブ出てるような印象を受けます。女性たちに絡み、反論されるとますます興奮していくという……。

太田　私がときどきTwitterで性差別について、とくに公共空間での女性差別的な表象を批判するようなことを書くと、炎上して攻撃的なリプライが殺到しますが、SNS上にとどまらず、時には事務所の電話に電凸（☆3）が来たり、怪文書みたいな郵便物が来たり、法律相談申込用に公開しているメールフォームに嫌がらせメールが来たり。

清田　ま、まじすか……。

太田　実は今朝もそういう電話が来たんですけど。電話口でいきなり卑猥《ひわい》な用語をくりかえし叫んだり、わけのわからないことをわーっと喚《わめ》いてガチャ切りです。

清田　ええぇ！

太田　そういう攻撃性をくりかえしぶつけられる経験から思うこととして、やはりその人たちは理性を失っているというか、清田さんがおっしゃるようにたしかに興奮していると感じます。同時にこれは、なにかの恐怖の裏返しじゃないかとも。心理学の用語だと思いますが「怒りは第二次感情だ」と聞いたことがあります。怒りの前になにか根本的な感情があると。これは恐怖ではないかなと感じます。自分たちがなにかに脅かされている、なにかを奪われるという恐怖感の源を、私という対象に勝手に投影して攻撃的にぶつけてきているような。私が強大な権力をもっているわけがないのに……。

清田　僕も以前、とあるアニメキャラの炎上事件について記事を書いたとき、「フェミの迫害には屈しないぞ」というメッセージをもらったことがあるんですが、迫害って基本的に「多数派から少数派への抑圧や排除」に対して用いられる言葉じゃないですか。公共性の高い広告に採用されている時点で、その作品およびファンはマジョリティ側に立っているはずなのに……おそらく意識としてはマイノリティ側なんだと思うんです。「フェミがすべてを潰している」という陰謀論みたいな発想すら持ってたりしますよね。

太田　意識としてはマイノリティ側なのだろうというのはまったく同感です。自分を被害者だと位置づけることは、自分の加害性や差別性を認めることの対極ですよね。

私が検証委員を務めた『DAYS JAPAN』の広河隆一氏も、検証報告書でも指摘したのですが、あれだけのハラスメント、性暴力の加害者なのに、被害者意識が強いと感じました。政治的な思想傾向とは全然関係ない軸で、やはり「男性性」という一種の病みたいなものがあるんだろうなと思います。離婚事案で出会うDV加害者も、ものすごく被害者意識が強いことがしばしばです。「挑発されて殴らされて、DV加害者にでっちあげられた」みたいな……。他方で被害者は、すごく自責して苦しんだりするんですよね。

後ろめたさを抱えながらも沈黙しないこと

清田　性暴力事件とか痴漢被害、性差別的なCMや男性有名人の不倫ニュースなどが問題になると、男性側の偏見や性差別意識が指摘されますよね。そういうとき、男性が身内に甘いというか、擁護するような意見を言うことがしばしばあると思うんです。これはネットのコメント欄とか、あるいはテレビの男性コメンテーターなんかでも顕著です。ああいうとき、なんていうか……「互いのちんこを人質にした男どうしの連帯」みたいなものを感じてしまうんです。

太田　（笑）

清田　女性側からの批判に賛同すると「お前だって人のことを言えるのか」みたいに批判されることとか。

太田　ありますね。女性の声を理解し賛同している男性でも、そういう男性側からの批判を瞬時に予測して、賛同意見を言いづらくなってやめてしまうこともありそう。

清田　たしかに、男性の多くはアダルトコンテンツを見たことがあるだろうし、性風俗を利用したことのある人も少なくないはず。ましてや性差別的な偏見が最初からない人など希有《けう》だと思います。だから、ある種の「後ろめたさ」を感じても不思議ではないし、自分の中にもそういう感覚はめちゃめちゃあります。たとえば女性の痴漢被害者に自衛を求めるようなことを言ってしまうのも、性差別的な

ＣＭが炎上したときに「これがダメならもう何も言えなくなる」などと嘆いてみせるのも、そういう後ろめたさが背景にあると思うんですよ。

おそらくこれも言語化の問題で、うっすらした後ろめたさや違和感、「嫌な感じ」みたいなものを言語化しないから、脊髄反射的に反発してみたり、加害者サイドの男性をやんわり擁護したり、ブーメランを恐れてスルーしたりしてしまう。そうではなく、「たしかに自分にもそういう部分はあるけれど、この問題はこの問題としてまずいと思う」という感じで、論理に従って考えられたらいいんですが。

太田　「口うるさいフェミニストのせいで」とか、はたまた「Twitterで見るニセフェミニストが言っていることは本来のフェミニズムとは違う」みたいな、まったく表面的で非本質的なのに、自分にとって「わかりやすい」「受け入れやすい」物語に飛びついてしまったりね。

上野千鶴子さんが「あらかじめ言葉を知らないことは表現できない。私たちフェミニストがやってきたのは『あれはセクハラだ』とか『あれはＤＶだ』って名付けをすることだった」とおっしゃっていますが（☆4）、男性学による言語化の力にも救われる男性当事者がいるのではないかと期待しています。少なからぬ男性が、いまの社会の息苦しさに限界を感じているとも思うので。

「リベラル国語」が必要だ

清田　そもそも論みたいになってしまいますが、「国語」の問題がかなり大きいのではないかと感じています。これは早稲田大学で一緒に自主ゼミをやっている恩師の受け売りなんですが、その先生はシェイクスピアなど英米演劇の研究をしていて、広く「近代」の問題を扱っているんですね。

いわく、「社会（society）」とか「個人（individual）」とか「自由（liberty）」といった近代的な概念は明治期にヨーロッパから輸入されたものですが、もともと日本には存在しなかった考え方なので、当時の知識人たちはそれをどう訳すかいろいろと議論したそうなんです。それから100年以上が経ち、そういった言葉は普通の日本語として流通していますが、根本の意味をちゃんと理解しているかというとちょっと怪しい。たとえば僕たちも「個人」という言葉を使うけれど、英語の individual にあるような「それ以上分けられない（in-divide）社会の最小単位」というニュアンスが伴っているかというと、そうではないですよね。「自由」という言葉も、江戸時代まではもっと否定的な、わがままのような意味合いで使われていたそうです。

同じように、たとえば「人権」とか「対等」とか「関係性」と言っても、それがほんとうにどういう意味なのか、実は多くの日本人がきちんと理解していないんじゃないか。

太田　「差別」もそうですね。言葉の意味が共有されていないから、「それは差別じゃない」とか、逆に

「男性差別だ」とか、嚙みあわない議論になってしまう。

清田　とりわけリベラルな言説で使われる言葉ってその傾向にありますよね（そもそも「リベラル」って言葉も曖昧な理解で使われていると思いますが……）。言葉の定義が共有されていないと議論もできないわけで、そう考えると、国語の問題が実はすごく大きいのではないかと。

太田　わかります。私が憲法カフェなどでお話しするときも、できるだけ平易な、日常の言葉で伝えようと努力してはいるんですが。

清田　僕自身もリベラルな考えを支持しており、こういった言葉をふわっと使いがちなんですが、やっぱり生活と乖離《かいり》した建前とかきれいごととして受け取られてしまいがちですよね。海外のテレビ番組とかで、高校生が真剣に政治を議論しているのを見たりするとすごいなと感じるんですが、彼らはたぶん、そういう議論に使う言葉と日常の言葉が連続してるように思うんです。

現政権は改憲しようと躍起になっていますが、現行の日本国憲法にはほんとうに大事なことがたくさん書いてあると思います。ただ、使われている言葉が基本的に西欧語の訳語なので、万人に共有されにくいという部分があるんだと思う。「基本的人権」とか「両性の平等」なども、欧米の人にとっては何百年もかけて血を流して獲得してきた概念でも、僕たちにその歴史が実感できているとは言いがたい。そういう地平に立った上で、「リベラル国語」みたいなものを、あらためて学ぶ機会が広まったらいいなと。

これも恩師の受け売りではあるのですが……日本人は75年かけて、いまなお日本国憲法に書かれていることを少しずつ血肉化しようとしている段階なのだろうと思います。話が大きくなってしまいましたが、言葉のこと、自分のこと、ジェンダーのこと、そして社会のことなど、さまざまなレイヤーを往復しながら男性性の問題について考えていけたらと思っています。

☆1　シスジェンダー……誕生時に身体的特徴によって割り当てられた性別と、自分の性自認のあいだに違和感がない人。トランスジェンダーの対義語。
☆2　綾屋紗月編著『ソーシャル・マジョリティ研究——コミュニケーション学の共同創造』金子書房、2018年。
☆3　電凸……「電話突撃」の略で、多くは匿名で攻撃的な電話をかけること。
☆4　上野千鶴子・田房永子『上野先生、フェミニズムについてゼロから教えてください！』大和書房、2020年。

第3章
セックスする前に男子に知っておいてほしいこと

思春期にさしかかると、男女ともに個人差はありますが、性的な行動をとるようになります。そのときに、性に関する誤った都市伝説や、バイアスのかかったアダルトコンテンツしか情報源がないと、子どもは自分や他者を危険にさらすような性的行動をとってしまいかねません。この危険性は、男女問わず、子どもを持つ親にとって身近なものだと思います。

私は18年間の弁護士生活の中で4回ほど、中学生の女の子の妊娠が関係する相談を受けたことがあります。後述するように、日本では学校教育の中での性教育がまったく不十分です。そのため、子どもは自分や他人の体を尊重することの大切さやセックスの意味、そのコミュニケーションとしての意義と同時に攻撃の手段にもなること、具体的な避妊方法をはじめ気をつけるべきことなど、何も知らないまま、いきなり社会からさまざまな性に関する情報を受け取ります。

朝日新聞のアンケート調査によれば、90％の人が中学校までに「セックス（性交）」の意味を知るものの、その情報源は学校以外の友人、メディアなどから知ったという回答が93・6％です（**図1**参照）。友人やメディアからの情報は、あやふやで不正確な可能性も高いものです。10

図1　朝日新聞デジタルによるアンケート結果

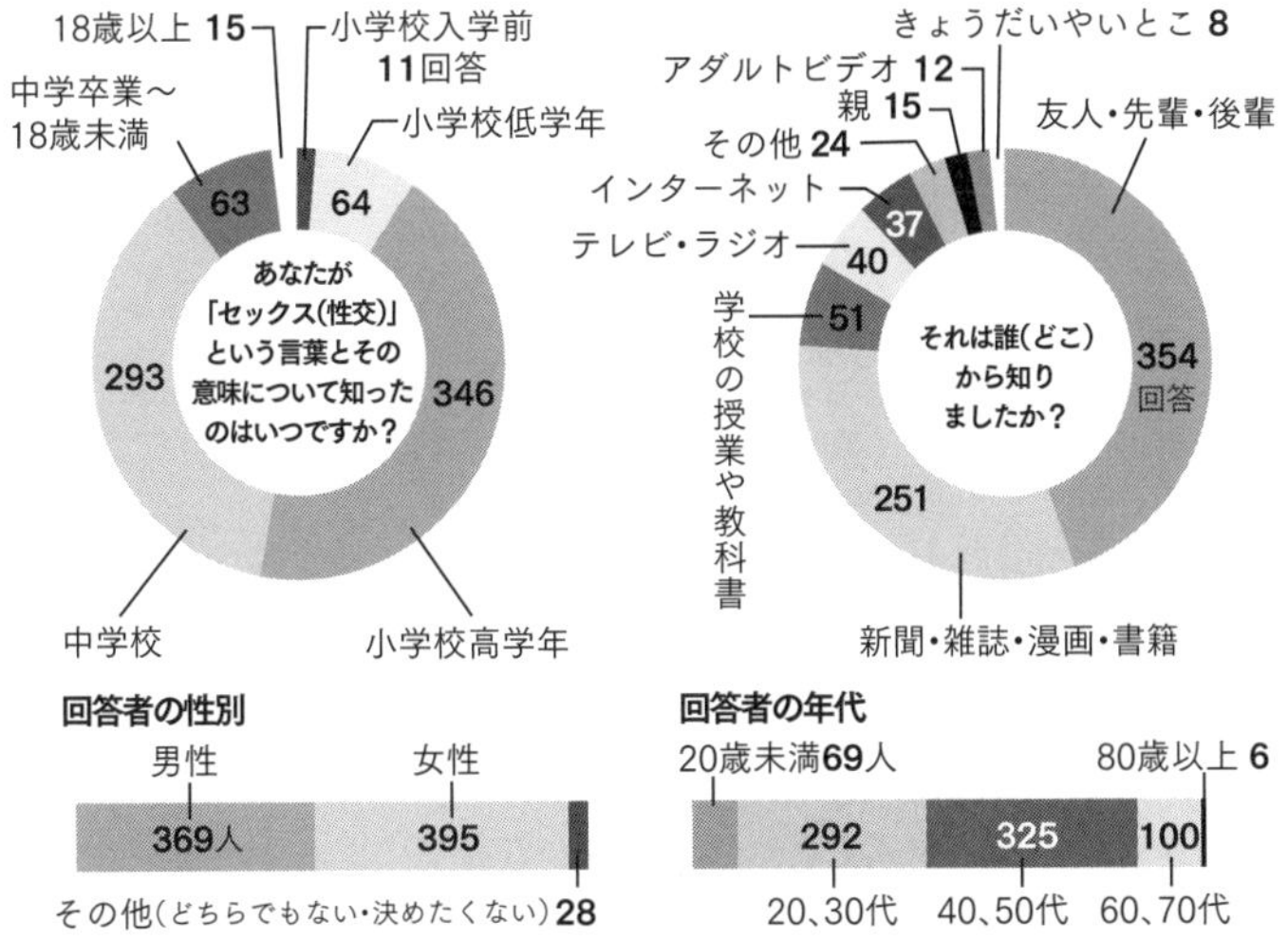

（出典）「性教育，どこまで（2）取り組みは」朝日新聞 2018 年 5 月 14 日朝刊。
2018 年 4 月 25 日～ 5 月 8 日調査，計 792 回答

代の妊娠や中絶も、適切な性教育を受けられていれば防ぐことができていたかもしれず、胸が痛むばかりです。

私は、学校教育において、人権教育の観点から適切な性教育を充実させるべきだと考えていますが、それがない現状では、親が意識的に、最低限のことは男の子たちに伝える必要性がとても高いと思います。直接伝えるのはやりづらくても、本やマンガを勧めるなど、方法はいろいろあるでしょう。

思春期に入り、性的な行動をとるようになる前に、最低限これは男子が理解しているべきだと思うことを、この章では書いてみます。

日本の子どもにも「包括的性教育」を

「包括的性教育」という言葉があります。日本では耳慣れませんが、国際的には1990年代から使われています。「性（セクシュアリティ）」をセックスや出産のことに限定せず、他者とのかかわりなど人間の心理的、社会的、文化的な面も含めて、広く人権にかかわる問題として捉え、すべての子どもを対象としておこなわれるべきとされる性教育の理念です。2009年にユネスコが発表した「国際セクシュアリティ教育ガイダンス」は、この包括的性教育の理念のもとに、成長の各段階でおこなわれるべき性教育の内容を具体的に例示しています。

このガイダンスが第一の目的とするのは、性の多様性を重んじ、「子どもや若者が性的・社会的にも責任ある判断と選択ができる知識やスキル、価値観を持つこと」とされます。ガイダンスでは、5～18歳を4段階に分け、テーマごとに各年齢での学習目標を示しています。たとえば「生殖」では、5～8歳の段階で「赤ちゃんがどこから来るのかを説明する」、9～12歳の段階では性交を通じた妊娠のしくみとともに基本的な避妊方法について確認する、など（**図2**）。

海外の多くの国では、このガイダンスを参照して、幼児期からの包括的性教育がおこなわれています。たとえばフィンランドでは、小学校の低学年のうちから「ペニス」「ワギナ」といった用語や機能を学び、8学年（14歳）で避妊の重要性と方法を知り、その上で責任のある性行動をとれるようにと教えています。「クリトリスはとくに刺激に敏感な部位であり、男性の勃起組織と似ています」などと、性の快楽についての記載もあるそうです。

フランスでは、科学の授業で性の多様性や性の快楽の側面を教えています。避妊方法の記載も具体的で、女性用コンドームの説明や、ピルを飲み忘れたときの対処法も記されています。

図2　ユネスコの「国際セクシュアリティ教育ガイダンス」の例（生殖関連）

レベル1（5〜8歳）　赤ちゃんがどこから来るのかを説明する

- 卵子と精子が結合して赤ちゃんができる
- 排卵、受精、受胎、妊娠、分娩など多くの段階がある

レベル2（9〜12歳）　どのように妊娠するのか、避けられるかを説明する。避妊方法を確認する

- 無防備な性交は、妊娠やHIVなど性感染症にかかる可能性がある
- 常にコンドームや避妊具を正しく使用すると、意図しない妊娠や性感染症を防げる
- 低年齢での結婚、妊娠、出産には健康上のリスクがある
- HIV陽性の女性も健康に妊娠でき、赤ちゃんへの感染リスクを減らす方法がある

レベル3（12〜15歳）　妊娠の兆候、胎児の発達と分娩の段階を説明する

- 妊娠には検査で判定できる兆候や症状がある
- 妊娠中の栄養不足、喫煙、アルコールや薬物使用は胎児の発達へリスクがある

レベル4（15〜18歳）　生殖、性的機能、性的欲求の違いを区別する

- パートナーとの性的な関係で、双方の合意はいつも必要
- 意図しない妊娠や性感染症を防ぐ方法を事前に考えることが必要
- すべての人に生殖能力があるのではない。不妊に取り組む方法がある

（出典）東京新聞 2018 年 4 月 7 日朝刊。

欧米圏だけではありません。お隣の韓国では、性暴力に遭いそうになったときの対応や、被害に遭ったときの相談先など、性暴力から身を守ることも重視されています。

ところが日本では、小中高とも学習指導要領には「性交」についての具体的な扱いがありません。中学の保健体育科では、生殖について扱うことになっていますが「受精・妊娠までを取り扱うものとし、妊娠の経過は取り扱わないものとする」とされています。回りくどい書き方ですが、要するに「性交」を扱ってはいけない、とされているのです（いわゆる「歯止め規定」）。

性交という概念にふれずに生殖や妊娠を教えるというアクロバティックなことがどうやったらできるのか、私にはまったく想像できませんが、これが日本の公教育でずっと続いてきたのです。それでも、学校や教員の創意工夫によって、中学生に性交や避妊、中絶について教えることは可能で、多くの心ある先生方が取り組んでこられました。しかし、一部の自主的な実践にとどまり、公教育の中で包括的性教育が位置づけられることはなかったのです。

性教育がタブー視されてきたわけ

なぜこうなってしまったのでしょう。日本でも、90年代に性教育ブームといわれた時期がありました。ところが、性教育の意義を正しく理解せず敵視する人々がいて、この無理解に基づくバッシング（バックラッシュ）で、性教育を実践してきた先生方の多くが攻撃され、正面から性教育を実践できない雰囲気が生まれてしまったのです。

その象徴が、２００３年、東京都日野市の都立七生《なな お》養護学校（当時）でおこなわれていた障害児向けの性教育を、複数の議員とマスコミが「ポルノまがい」と攻撃し、中止に追い込んだ事件でした（この事件は最高裁まで争われ、議員の介入が不当なものであったとの判決が出ています）。それ以来、日本の性教育は諸外国から大きく遅れたままの状況です。

最近でも、たとえば2018年3月の東京都議会文教委員会で、七生養護学校での性教育を問題視したのと同じ議員が、足立区のある中学校で性交や避妊、人工妊娠中絶について教えていたことをとりあげて「不適切」と問題視したことがありました。この質問に対して都教育委員会は「中学生の発達段階に合わない授業」で「課題があり指導する」と答弁しました。七生養護学校事件と同じ手法による、教育現場への政治の不当な介入が危ぶまれるものでしたが、懸念と批判の世論が高まり、その後、都教育委員が「足立区の中学校を否定すべきでない」「現場の先生は萎縮せずにやってほしい」と見解を表明するなど、今回は、政治による不当な介入は食い止められました。しかし、性教育を進めていく上では、常にこのような無理解な攻撃とのたたかいも必要となってしまう現実があります。

性の快楽や具体的な避妊方法、性暴力から身を守る方法などを、子ども自身が自分のセクシュアリティを大切にするために教えている国々と比べると、日本の学校での性教育はとんでもなく遅れていると言わざるをえません。日本の学校でも、義務教育段階から、国際水準に基づいた包括的な性教育をするべきです。こんな状況ではいつになるのか、私の息子たちが学校にいる期間は無理なのではないか……と不安になってしまいますが。

本書で対談させていただいた清田隆之さんは、中1ではじめて夢精をしたとき、「怖くなってパンツを近所の公園まで捨てに」行ったそうです(☆1)。きちんとした性教育がなければ、男の子も自分の体の変化に不安や怯えをもつこともあるだろうと胸が痛みます。

もともと包括的な性教育は、学校だけの責任ではなく、親も子育てのひとつとしてするべきものでもあるのでしょうが(ドイツの性教育の特徴は、性教育を親の任務であると規定していることだそうです)、現状では学校での性教育が十分でない以上、なおさら家庭で、子ども向けの絵本やマンガなども活用しながら、子どもに教える必要性が高いと思います。

ポルノを見るとき気をつけてほしいこと

以上のように、本来であれば日本の子どもたちも国際水準の包括的性教育を受けられているのが理想的なのですが、残念ながら現状はそうではないので、子どもたちはメディアや友達どうしの噂話などを通じて、性に関する知識を得ることになります。とりわけ、思春期の男子にとって、性的な情報の入り口としてもっとも一般的なのは、やはりAVやマンガ、ゲームなどのアダルトコンテンツです。いまならインターネット経由で動画や電子コミックを見ることも身近でしょう。思春期のころになれば、AVなどのポルノ、アダルトコンテンツを見たい気持ちも生まれるでしょうし、その関心自体は自然なことです。

しかし、男性の視聴者を想定しているアダルトコンテンツで描かれている性行為はいわば「男性向けのファンタジー」なので、女性の心身に対する配慮がないこともあり、そのまま安易に真似すると、女性の心身を傷つける可能性があります。これを男の子たちには早めに知っておいてほしいと思っています。たとえば、女性の顔面に精液をかける、いわゆる「顔射」や、膣《ちつ》に指を入れて激しく動かす行為などがそうです。

最近では、そういう批判を意識してか、AV制作者サイドの一部に、みずから「AVはファンタジーです」「AVを教科書にしないで」と発信する動きもみられます。

2018年の中央大学の大学祭で、学生主催の「AVの教科書化に物申す！」というイベントが開催され、AV俳優3人とAVメーカー社長、産婦人科医が登壇しました。約1000人が集まる盛況だったそうです。ライターの小川たまかさんのレポートから一部を抜粋します。

登壇者が繰り返し口にしたのは、「AVはフィクション」「AVはファンタジー」という言葉。プロが作っているフィクションだから、現実のセックスで全部を真似しようとしてはいけないということだ。具体的には、例えば作品中によく登場する膣内射精の描写。そのように見せているだけで、実際にはカメラに写らないところで男優はコンドームを装着していると、登壇者が語った。(☆2)

登壇したAV男優からは「高級車に乗っているより、黙ってコンドームをつけられる男のほうがかっこいい」「コンドームをすると気持ちよくないなんて、本当のセックスができていない証拠」という発言もあったそうです。

また、「女性器に指を入れ、液体を分泌させる行為」(いわゆる「潮吹き」)については、登壇者全員が「まねしてはいけない」と強調。膣内が傷つくこともあり、作品中で描かれるほど女性が快感を得る場合ばかりでもないことから、「AVで見るだけにして」と訴えたとのことです。

これは、おそらく多くの女性が「被害」に遭っていると思います。やはりAVを見てやり方を「学ぶ」ことは実際多いのでしょう。しかし、これはほんとうに痛いのです。男性は相手を気持ちよくさせようとして、あるいは「セックスってそういうもの」だと思ってしているのでしょうが、女性にとっては「痛いけど伝えるのは気まずい……」という、すれ違いになっていることもよくありそうです。

ネット上には、ポルノのような体裁で盗撮画像・動画も出回っています。盗撮は明白な犯罪行為ですが、手軽にできてしまうので罪の意識が希薄なこともあるようです。盗撮された側の精神的ダメージは大きく、いったんネット上で流通すると、元データを削除しても半永久的にネット上のどこかに残ってしまうことがありえます。盗撮動画・画像と知りながらそれを見ることは、犯罪行為に加担してしまうことだということも、わかっておいてほしいと思います。

ポルノを消費することの問題として、それらの制作過程で人権侵害が生じる場合もあるというのも深刻な問題です。「モデルのスカウト」などと騙されたり脅されるなどして、意に反してAV出演を強要されるという被害が少なからずあるということが近年、大きな社会問題になりました。制作業界側も問題意識をもって自浄努力をしているようですが、その成果は未知数です。

ポルノを消費するときには、誰かの傷や痛みを消費することになってしまっていないか、消費者として制作過程にも問題意識をもってほしいと思います。

コミュニケーションをきちんと描く女性向けのAV

先に書いた中央大学のイベントに登壇したAV男優のひとりである鈴木一徹さんは、別のインタビュー（☆3）でこんなふうに語っています。

「男性向け（AV）は、女性をイカせたい、というファンタジーが強いですね。特にリアルなセックスでもやりたがる人が多い『潮吹き』は、それが視覚的に分かるし、男性の射精にも似ているので、共感しやすいんです。『俺はこの人をいかせることができた。モノにした』という支配欲が満たされるファンタジー。『潮吹き』は良くも悪くもAV業界の画期的な発明なのですが、現場ではほとんどの女優さんが苦痛に感じていて、見ていて気の毒になるほどです」

「（男性向けでは）セックスに至るまでのプロセスは早送りされます。象徴的なのは、『出会って3秒で合体』という人気シリーズがあることでしょうか」

「僕が演じている女性向けのAVでは、そのプロセス（セックスに至るまでの物語）こそが重要なんです。女性向けで大切なのは、愛されたい、大事にされたい、という気持ちの部分。どうやってこの2人は出会ったのか、どうして恋に落ちたのか、そのプロセスをきちんと描きます」

鈴木さんも出演する女性向けAVレーベル「SILKLABO」は、男性向けAVを見た男性が「間違ったセックスを女性にする」という問題意識から、全員女性のスタッフで制作を始めたそうです。女性向けAVもファンタジーを描いたものである点は同じですが、男性向けのファンタジーとの違いを理解することは、AVへのリテラシーを身につける参考になるでしょう。

フェミニスト・ポルノの牽引役として知られるスウェーデン出身のエリカ・ラスト監督は、

「主流なポルノには男性が女性を支配するような関係性を描く作品が多いけれども、日常にはもっといろいろなセックスの形があって、私はそのことを表現していきたい」「どのようなセックスをするかだけではなく、人々がセックスの中でどのように感じているか、どのようにコミュニケーションを取っているかということについても描いていきたい」と述べています(☆4)。

性的な嗜好《しこう》や、ファンタジーに何を求めるかは人それぞれですから一概には言えませんが、多くの女性がセックスに求めているのは、肉体的な快楽以上に相手との双方向のコミュニケーションや安心感だと思います。鈴木さんが言うように、女性向けコンテンツでは関係性が丁寧に描かれるというのはそのためでしょう。

他方で、男性向けのAVは男性の「支配欲」を満たすファンタジーだとか、セックスに至るまでのコミュニケーションが省かれているというのは気になる指摘です。そうしたものをファンタジーとして楽しむことまでもがいけないとは思いませんが、自分が楽しんでいるファンタジーの内容が「一方通行でコミュニケーションがなく、いわば女性の体を使って男性の支配願望を満たしているもの」だと自覚することは必要ではないかと思います。実際に見ているのは、女性の主体性や同意を無視した性暴力的な場面なのに、セックスシーンを楽しんでいるつもりになっている、ということはないでしょうか。「自分はいま暴力シーンを楽しんでいるのだ」と自覚してAVを視聴している男性はどれほどいるでしょう。

「AVを教科書にしないで」という発信が、当のAV業界の一部からもされているというのは事実ですが、その発信は世の男性にはまだまだ届いていません。とりわけ現実の性的経験や情報リテラシーが乏しいままアダルトコンテンツに接する若い男の子たちに、どれだけ知られているかは心もとないと思います。画面の隅っこにずっと「これはファンタジーですから真似しないでください」という字幕が出ていればいい、と本気で思ったりもします。

これからの男の子たちには、男性向けコンテンツを批判的に読み解くリテラシーを持ってほしいと願います。実際そのほうが、より女性に好感をもたれることは間違いありません。

避妊は何があっても省いてはダメ

AVでセックスを学んでしまうことによる、もうひとつの問題は、避妊への意識の希薄さです。男性向けAVではコンドームを装着するシーンが出てこないことは先に書いた通りです。それどころか、「中出し」「生」「孕《はら》ませ」といった言葉を煽り文句に、避妊しない性行為や、妊娠させることを性的快感に結びつけるような演出をしているものもあります（対して、鈴木一徹さんによれば、女性向けAVではコンドームを装着するシーンがかならずあるそうです）。

具体的な避妊方法や、妊娠中絶のことなどを正しく学んでいない若い男性にとって、こういうものがどういうメッセージとして伝わるのかと考えると気が重くなります。

未成年や未婚の状態で、妊娠するかもしれないという不安を抱えながらのセックスが、女性にとって心地いいはずがありません。女性が学生のうちに妊娠すれば退学せざるをえなくなることもあり、働いていても仕事を続けられなくなったり、昇進が遅れるなど人生設計に大きな変更を迫られます。次の生理が来るまでの時間、ずっと女性にそんな不安を感じさせながら、男性だけが快感を得るというのはまったくフェアではないですし、コミュニケーションとしても一方通行で成り立っていません。

ですから、思春期の男の子たちには「避妊をしないセックスは女性に対する暴力」だということを、経験する前に心に刻みこむレベルでわかっておいてほしいのです。

女の子の側にも、自分自身の身体や妊娠のしくみについて知識が十分でなかったり、相手が不機嫌にならないかと気にしたり、相手を喜ばせてつなぎとめたいといった気持ちから、「避妊してほしい」と言えなかったり、「避妊しなくていい」と言ってしまうこともあるかもしれません。仮に女の子が「避妊しなくていい」と言ったとしても、男の子は絶対、コンドームを着けて避妊しなくてはいけません。もしその女性が妊娠・出産した場合には、一緒に子育てをするというくらいの関係性や、経済力など将来への見通しがない限り。

私は仕事で、「今日は安全日だと女性が言ったから」という理由で避妊せずセックスし、その後その女性から妊娠がわかったと連絡がきた、どうしよう、という法律相談を受けたことが何度かあります。どうしようと言っても、妊娠した以上、もうどうしようもありません。その女性が「産む」と決意するなら尊重すべきです。認知したなら、子どもの父親としての扶養義務（養育費支払い）を履行する義務が生じます。女性が中絶を決めたなら、それも尊重するしかありません。経緯にもよりますが、中絶にともなう費用などを含め、ある程度の金銭を支払うのが誠意と良識ある対応でしょう。

妊娠出産ばかりは、どうしても女性の体にのみ大きな負担が生じてしまいます。しかし男性にとっても、誰かを妊娠させるというのは、自分の人生の一大事です。避妊しないセックスというのは、それだけのリスクをみずから背負いこむ行為だという自覚をもってください。

そもそも、コンドームだけでは避妊方法として完璧ではなく、失敗率は3〜14％といわれています。なので、コンドームと他の避妊グッズを併用するのが避妊のためには望ましいとされます（ただし、コンドームには性感染症予防の意味もあります）。

実は、世界的にみると日本では避妊の選択肢が非常に限られており、一般的に普及している避妊方法はほぼコンドームのみです。女性が低用量ピルを飲むという選択肢もありますが、普及率は4％程度といわれています。

スウェーデンの大学院で公衆衛生を学ぶ福田和子さんが立ち上げた「＃なんでないの」プロ

ジェクト（www.nandenaino.com）の解説を見ると、避妊シール、避妊注射など、女性が自分で主体的にできる避妊方法が世界にはたくさんあるにもかかわらず、日本では選択肢が非常に限られていることがわかります。こういう状況自体が大問題なのですが、少なくとも現状がそうである以上、男性がきちんとコンドームを装着することは避妊のためにもっとも重要なことです。コンドームはコンビニやドラッグストアで買うことができます。コンドームの正しい着け方は、NPO法人「ピルコン」が作成した動画（☆5）などが参考になります。

妊娠だけは、どうしても女性にのみ負担が偏り、どうしようもなく不公平な結果となってしまうことを男子の皆さんはよく理解し、責任ある性行動をしてほしいのです。その自信がない、ちょっと不安だと感じるなら、それはまだセックスするには早い年齢だということです。

「性的関係への同意」の意味を理解する

避妊の例に限らず、相手が望んでいない、YESという表明をしていないままの性的行為は性暴力であるという認識を男性側がもつ必要があります。性的関係への同意とはどういうことかについても、ほんとうは学校できちんと時間をとって教えるべきだと思いますが、現状はそれにはほど遠いので、やはり大人がなんらかの形で男の子たちに伝える必要があります。

性的関係への同意に対する理解を若い世代に広げようという動きは近年さまざまに出てきています。たとえば関西の大学生有志と京都市男女共同参画推進協会が作った「GENDER HAND BOOK　必ず知ってほしい。とても大切なこと　性的同意」というパンフレットがあります（☆6）。ここでは「性的同意ってどういうこと？」というチェックリストがあり、たとえば、

□check1　2人きりでデートに行くことは、性行為を前提としている
□check2　キスをしたら、性行為をしてもいい
□check3　相手がイヤと言っていても、「イヤよ、イヤよ、も好きのうち」なので、性行為をしていい

などの項目のうち「一つでもあてはまるなら、〝性的同意〟は取れていないということ」と解説しています。

性的接触においては毎回、その都度、相手の同意をとる必要があり、そのためには丁寧なコミュニケーションがとても大事だということが、これからの常識になってほしいと願います。とはいえ、実は、大人でもそういう意識をもてていないことが残念ながらよくあります。果てはパートナーに対する性的暴力（性的ＤＶ）にまで発展してしまう例も、離婚事案でよく見ま

す。性的DVをくりかえしていると、相手の心身を壊してしまうことにもなりかねません。

「嫌だったら言って」と言えるようになるまではセックスしない

「同意のない性行為はしてはいけない」としたら、どうやって同意があることを確認すればいいのでしょうか？　私はやはり言葉できちんとコミュニケーションをとることが基本だと思います。先ほど紹介した京都市男女共同参画推進協会のパンフレットには「性的同意の取り方」「断り方」の具体例がそれぞれ載っていて、これもとてもわかりやすいです。

そう言っても、具体的に言葉で合意を確認するのはどうにも照れくさいし、そこまでする必要がほんとうにあるのか、明らかに合意があるのはわかっているのに……と言いたくなる男性もいるでしょう。もちろん、ある程度の信頼関係のできた大人どうしであれば、「あうんの呼吸」で合意ができることも、ないとは言えません。でも、それは相互のコミュニケーションによほど自信がある場合に限られると思います。

「なんとなくいい雰囲気になっていると思うから、あとは勢いで」「嫌なら女性のほうから嫌だと言うだろう」といった思い込みや決めつけが入りこんでいないか、よく考えてみる必要があります。ことに、10代の若い男女には、まだこうした成熟したコミュニケーションは望めないと思うので、やはりきちんと言葉で性的同意をとることが必要です。

とはいえ、はじめてセックスするだけでもドキドキなのに、はっきり言葉で「セックスしたい」なんて恥ずかしくて言えない、というのもあるでしょう。だとしたら、最低限「痛くない？」とか「嫌だったら言って」といった言い方なら言いやすいのではないでしょうか。要は、相手が言いづらそうなことを言いやすいように配慮するのが重要、ということです。

というより、誰かを好きになって、キスやセックスをしたいということになったら、最低限これは伝えられなくてはダメでしょう。相手が嫌なこと、苦痛なことをうっかりしてしまう可能性に自分で注意する意識をもてないうちは、まだ性的関係の適齢期とは言えません。

たとえば、誰かが肩がこっていてマッサージしてあげるとき、「ここがこってるの？」「違う、もっと下」「強すぎる？」「それくらいでいい」などとやりとりして、相手に確認しながらしますよね。他人の体なのだから、どこを触れたらどう感じるのか、痛くはないか、くすぐったくないか、相手に聞かないとわからないのは当然なのです。

なのに、なぜかセックスのときはこれを突然しなくなり、「女の体のことは俺のほうがわかっている」みたいなふるまいをする男の人がいるのですね。おそらくは「女性に対して性的に優位に立ちたい」とか「女性に快感を与えるのは男の役割」「セックスのときに女性にリードさせるのは恥」といった意識のあらわれだと思われますが、やっぱりこういうことも「有害な男らしさ」が発現した現象だろうと感じます。

セックスにともなう責任の大きさを理解する

弁護士の仕事の中で、いい大人なのに、セックスした相手の女性が妊娠したとたん連絡を絶って行方をくらまし、なんの責任もとろうとしない男性を何人も見てきました。人間としてほんとうに恥ずかしい態度ですし、法的手続きによって裁判所が認知請求を認めれば、父親として養育費を支払うという法律上の責任も発生します。相手がどこの誰かわかっていれば、認知と養育費支払責任をとらせることができます。

ただ、たとえばインターネット経由で知りあって、お互いハンドルネームしか知らないまま、名前も勤務先もわからない相手の子どもを妊娠してしまった、というようなことも現実にはあります。弁護士を依頼しても、情報量が足りなすぎて相手を突き止められず、法的な責任をまったく追及できないということもあります。お腹の子を中絶することには心理的に抵抗があり、でも父親がどこにいるのかもわからず、ひとりで育てられるかもわからない。親にも言うことができないいまま、お腹はどんどん大きくなってしまい精神的に参ってしまう……など、ほんとうに悲劇ですが、現実に起きうることです。

女の子たちには、セックスする相手の男性には「コンドームを着けてね」と、かならず言えるようになろう、と伝えたいです。もしそこで彼が不機嫌な顔をしたり、面倒がって着けたがらなかったりしたら、その態度は女性を尊重しないものだということ、もし彼に避妊を求めるのが怖いなら、それは彼と対等な関係ではないということに気づかなくてはいけない、ということも。

何度も書くように、ほんとうはこうした知識も学校で教えるべきだと心から思いますし、そのような取り組みも一部にはありますが、まだまだ十分ではありません。だから、セックスを経験する前にかならず、男の子が自分で考える機会をもち、女性を傷つける行動をとらない、責任ある大人に育つよう、周囲の大人が情報提供など手助けをすることが必要だと思います。

セックスは権利でも義務でもないし、通過儀礼でもない

少し深刻な話が続いてしまいました。もし思春期の男の子がこの本を読んでいたら、セックスを面倒だとか怖いとか、そんな重い責任を負うのは無理だ……と思わせてしまったかもしれません。

でも、性（セクシュアリティ）とは本来、お互いの体を介した相手とのコミュニケーションだ

というのが本質です。性教育の第一人者である村瀬幸浩さんの言葉を借りれば、セックスには「からだの快感」と「こころの快感」というふたつの面があります。このふたつの快楽によって、人との関係性が豊かになることはあります。

とはいえ、人との関係性を豊かにするのはセックスだけではありません。「アセクシュアル」といって性的欲求を抱かない人もいますし、そうでなくても、生涯単身で生きる人もいます。結婚してもセックスをしないことで相互に納得している夫婦もいます。

年頃になると、友達はセックスを経験しているのに自分だけ経験していない……と焦ることがあるかもしれません。とくに男性の場合、セックス経験がない「童貞」であることを恥ずかしいことのようにからかう風潮が一部にありますよね。

『日本の童貞』（澁谷知美著、河出文庫）という本を読むと、19世紀末ごろから現在まで、この社会で「童貞」がどう扱われてきたかの変遷がわかり興味深いです。「童貞」が美徳とされる時代があったり、かっこ悪く恥ずかしいとされる時代があったり、「童貞が恥ずかしいなんておかしくないか」と見直されてきたり……と、社会における「童貞」の扱いは変化しています。いまの社会にも一部にある「童貞はかっこ悪い」という言説は決して普遍的なものでもなく、むしろ、いまの社会はセックスの経験に過剰な意味づけをしすぎなのだと思います。

セックスは別に、大人になるための通過儀礼というわけではありません。これは女性も男性もでしょうが、「何歳までには経験しておきたい」「何歳になっても童貞（処女）だなんて」と焦らせるようなメッセージはバカバカしいだけなので、そういうものは無視する胆力を養えたらと思います（デリケートな思春期の年齢には、なかなか難しいかもしれませんが）。

そうは言っても、セックスをしてみたいのにできない、相手がいない、というのは寂しく、いじける思いになることもあると思います。この気持ちをあまりにこじらせてしまうと、2章でふれた「インセル」のように、「なんで女性は自分とセックスしてくれないんだ」と恨みがましく感じてしまうこともあるようです。

でも、当たり前ですが「誰かとセックスする権利」などというものは、誰も持っていないのですよね。相手が合意しなければ誰ともセックスはできません。合意するもしないも、その人の自由ですから当然のことです。寂しさや、いじける気持ちとどう折り合っていくかに正解はありませんが、なぜ寂しいのか、つらいのか、どんな解決方法を試してみたいかなど、自分の内面を見つめて言葉にする作業や、できれば似たような気持ちの人とつながって話してみることで、何か見えてくることがあるのではないかと思います。

「誰かとセックスする権利」がないのと同様に「セックスする義務」もありません。誰かとつきあっていても、たとえ結婚していてもです。男だからといって（もちろん女の人もですが）常にパートナーを性的に満足させなくてはいけないということもないのです。

ただ、男女どちらであれ、したくないときにする義務はないのですが、自分のパートナーがセックスがないことを寂しく、つらく思っているということはありえます。断り方によっては相手を傷つけてしまうかもしれません。これに対しては、言葉で補ってきちんと伝えることが相手への思いやりでもあり、パートナーとの関係性としては望ましいのではないでしょうか。

セックスはしてもしなくてもいいし、何歳までにしなくてはいけないということでもない。それを知った上で、成長にともなって少しずつ、自分なりのセックス観をもてるようになればいいと思います。ただ、その過程で、無知によって人を傷つけることがないように、知っておいてほしいことをこの章では書きました。

☆1　清田隆之「『勃起と射精』に拘泥する男の〝性欲〟と、ニッポンの『性教育』」『WEZZY』２０１６年７月20日（https://wezz-y.com/archives/32935）。

☆2　小川たまか「『ＡＶを性行為の教科書にしてはダメ！』中大学園祭で熱く議論されたこと」『DIAMOND ONLINE』（https://diamond.jp/articles/-/185664）。

☆3　波多野公美「『ＡＶが教科書』のせいで女性は悩んでいる。〝エロメン〟一徹さんに聞く、男女のセックスがすれ違う理由」『ハフポスト日本版』２０１７年８月22日（https://www.huffingtonpost.jp/2017/08/22/adult_video_n_17799470.html）。

☆4　「フェミニストがメガホンを取る。男女問わずに超人気、女性監督による『真摯なポルノ』って?」『HEAPS』２０１７年４月15日（https://heapsmag.com/women-porn-director-give-us-an-alternative-to-mainstream-porn-Erika-Lust)。

☆5　「パンツを脱ぐ前に知っておきたい正しいコンドームのつけ方」ピルコン（https://www.youtube.com/watch?v=CCrXFxtOHt0)。

☆6　以下から無料でダウンロードできる。https://www.wings-kyoto.jp/docs/association_GH1808

星野俊樹さん（小学校教師）に聞く

「多様性が尊重される教室をつくるには？」

Hoshino Toshiki

1977年生まれ。大学卒業後，出版社勤務をへて教員に。2015年より学校法人桐朋学園桐朋小学校で教える。担任するクラスで実践した「生と性の授業」が各種メディアで注目され，多様性を尊重する教育についての講演等もおこなっている。

太田　性教育やジェンダー教育が大事なのはわかるけれど、小さい子どもには難しすぎると考えている親も多いと思います。でも私の実感として、中学生や高校生になってからでは遅いなということも感じています。思春期に入る前の子どもたちにどう性やジェンダーの問題を伝えるか、実際に小学校で教えていらっしゃる星野さんにぜひうかがいたいと思いました。

星野　よろしくお願いします。

教室の日常の中で「らしさ」に疑問を投げかける

太田　実際に、星野さんが教室でどんなふうに性について教えているかをうかがえますか。

星野　なにか特別なカリキュラムとしてやっているわけではなくて、教室の日常の中で常にそういうアンテナを張りながら、ここぞというときに教えるという感じです。

たとえば以前、小学2年生のある女の子が、日記に「クラスのA君から『男はかっこいいけど女は弱くてダサい』と言われて、腹が立ったのでみんなで話し合いたいです」と書いてくれました。そういうときは内心「よし、来た！」という感じで（笑）。

太田　（笑）。腹が立ったことを言葉にして、自分のことだけで済ませずにちゃんとそれを先生に伝えるなんて、その子は立派ですね。

星野　そういうことを素直に伝えてくれるのが嬉しいですよね。それで、翌日の算数の時間を学級会に変えて話しあうことにしました。「昨日とても重大な事件があったので、これから話し合いをします」と言ったら、子どもたちも真剣な顔になって。

太田　2年生だとまだ素直でかわいいですね。

星野　その発言をした子や書いた子が誰かは特定せずに、「こういう発言を耳にしたんだけど、みんなはそんなことを言われたらどんな気持ちになる？」と投げかけると、「悲しくなる」とか「学校やめたくなる」という意見が相次ぎました。「自分は男だけど嫌だ」という声や、「リレーで負けたとき男子に『お前が女だから負けた』と言われて悲しかった」という経験を語ってくれたり。

太田　その年齢の子どもでも、それぞれいろんな嫌な経験をしてるんですよね。

星野　そう。みんな口を揃えて「嫌だ！」と言ってくれて。その中には実際その発言をした男子も入ってるんだけど(笑)。

太田　(笑)

星野　小さいうちから男の子は間違った「強さ」像を内面化してるんですよね。だから、まず子どもたちのもっている強さの捉え方をいったんリセットしたかった。なので、「強さ」というのはそれ自体良いものでも悪いものでもない、中立の価値だということや、僕みたいに力の弱い男性も、女性アスリートのように強い女性もいるよ、ということを話しました。そして、強いだけで優しさがなければただの乱暴者になってしまう、強さと優しさが同時にあってこそかっこいいんだ、ということを話しました。そうすると、先の「男は強いからかっこいい」という発言はまったく合理的でないことがわかります。その上で、みんなは誰かから「男なんだから」とか「女なんだから」って言われたことある？と尋ねると、「パパから」「ママから」「おばあちゃんから」等と口々に話してくれました。

太田　やっぱり、家庭内での影響は圧倒的に大きいでしょうね。年齢が小さいほど、身近な家族から日常的にどんな言葉をかけられているか、どんなふるまいを家庭内で見ているかに影響されますから。

星野　聞いてみると、男の子は父親から、女の子は母親から言われている場合が多いと感じます。つまり、同性の親こそがジェンダーバイアスを強化しているわけですね。

太田 それは実感としてもよくわかります。

星野 なかには「男なんだから、ちゃんとした下着をはけ」など意味がわからないものも(笑)。

太田 「男だから」があらゆることの理由になる万能なマジックワードなんでしょうか(笑)。他にも合理的で本質的な理由はあるはずなのに「男だから」のマジックワードで済ませてしまうと、合理的な理由を考えたり言語化したりする必要さえないことになってしまう気がします。

星野 そういった経験を聞いた上で、「こういうのっておかしくない?」と尋ねると、みんな頷いて「おかしい!」と同意してくれました。子どもたちって素朴な正義感があるので、投げかければ案外応えてくれるんです。

家庭内で強化されるジェンダー規範

星野 この授業の後、駆け寄ってきた男の子が「今日の話を聞いて僕、すごく言いたいことができたから裏紙ちょうだい」と。2人そういう子がいたんですが、後で書いてきてくれた紙には「男だから、女だからって決めつけて言うのはおかしい」「女の子の遊びを男の子がしたっていい」、そして「こういうことを書くと気持ちがすっきりする」とありました。

太田 おおー! 素晴らしい。「言葉にしてすっきりする」という経験があると、言語化の重要さをみずから理解できたでしょうね。

星野　彼にとっての解放だったんでしょうね。その子は見た目がちょっとかわいいので、周囲が悪気なく「〇〇君て女の子みたい」と言うこともあって、そういうふうに見られることへの反発もあったのかもしれません。

太田　男の子が抱えていたものを吐き出すきっかけになったんでしょうね。そういう授業が一回でもあると、その後の人生を変えるんじゃないかと思います。

星野　この授業をした後、次は保護者にも伝えないといけないと思いました。というのは、きっかけになった「女はダサい」発言をした男の子が、みんなの話を聞きながら、こうつぶやいたんです。「男だからとか女だからとかって、僕もほんとは嫌なんだ」「だけど、そう言ったらきっとパパに怒られる」と。

そこで、学級通信にこの授業のことを書いた上で、「保護者の皆さんからジェンダーバイアスを強化するような言葉がけをされている子が多いようです。今後、皆さんのそういう発言にお子さんが異議を唱えることもあるかもしれませんが、どうか怒らず、ご自身の言動を冷静に振り返って、お子さんのジェンダー平等への意識の高まりを褒めてあげてください」と書きました。怒りの矛先を向けるなら子どもではなく担任の僕に、ということです。子どもたちにもそのことを伝えると、ホッとしたようでした。親の価値観に異を唱えるというのは、子どもにはとても怖いことですからね。

太田　そうですよね……。そんな年齢の子どもにとって親は絶対的存在ですから。ふだん言葉にしていなかった親の価値観への違和感を学校で口にしたということを親が知ったら悲しませるんじゃないか、怒られるんじゃないかと不安でしょう。学校でそういう話をする際、先生のそうしたフォローはほんとうに重要だと思います。親にとっても、自分でも自覚しないうちに行動規範になっていたり、良かれと思って無意識に口にしていた言葉について、まさか子どもに正面から問題視されるなんて、とちょっと動揺しそうです。子どもの問いかけを、親も考えて成長するきっかけにできたら理想的ですが。

星野　この授業の経験から、大人が強要するジェンダー規範が小学生にも男尊女卑的な価値観を植えつけ、本来のその子らしさを損なってしまっていると実感しました。残念ながら、高学年になってからこういうことを教えても、男の子の多くはあまり反応しなくなってしまうんです。低学年だと男の子たちも素直に反応してくれるのですが。

太田　それはけっこう衝撃です。少しでも低年齢から、性差別について意識的に教える必要があるとは思っていますが、高学年になってからだと反応がそんなに違うんですか。

「おバカ男子」言説に潜在する危うさ

星野　大きく分けると、幼稚園・保育園から低学年がひとつの時期で、続いて中学年、高学年と三つの段階で考えられます。子どもが幼稚園や保育園の段階で、親や保育士が無意識に「男の子は青、女の子はピンク」みたいな刷り込みをしてしまうと、就学前にジェンダーバイアスの下地がかなり作られてしまう。だけど、ここでの刷り込みはまだ軌道修正できる余地もあるんです。この時期は、親や教師といった身近な大人の影響を受けやすいですから。

太田　親が教えれば素直に聞く時期ということですね。

星野　そう。でも中学年になると、いわゆるギャング・エイジと呼ばれる時期になって、親や教師よりも同年齢の仲間どうしのルールや価値観を優先するようになる。これは男女問わずそうですが、この時期にジェンダーバイアスががっちりと内面化されていきます。

とりわけ男子は、ここでホモソーシャルの原型ができて、男らしさの覇権争いが激化してくるわけです。具体的にそれがあらわれるのは、仲間内でちょっと弱々しい男の子に対するからかいや見下し、そして女の子に対する性的なからかいですね。

太田　スカートめくりみたいなものとか、性的な言葉を投げつけて反応をおもしろがるとか。

星野　そうです。そういうものによって、子どもたちの男尊女卑的な価値観ががっちり固定化されてしまう。よく「男の子ってほんとおバカだよね」といった言い方で、大人のほうもそうしたふるまいを容認してしまうことがありますが……。

太田　ありますね。「男子はバカだからさ～」というのは、子育てをしているとほんとうによく聞きます。男の子の暴力的だったり無思慮だったり、時にセクハラ的な行動を「男子はアホだから」の一言で容認してしまうおそれもあると思って、こうした言い方には私もすごく問題意識があります。

星野　男性学者の田中俊之さんは、男らしさを証明するための方策には「達成」と「逸脱」があるとおっしゃっている。達成とは学業やスポーツで競争に勝つという正の方向の努力ですが、逸脱というのは大人の期待の逆を行くふるまいですね。

太田　あえておバカなことや危ないことをしてみたり。性格もあるんでしょうが、年齢的にも、うちの次男がいままさにそういう感じです……。

星野　そこで「男の子なんてそういうものだよ」「男子はおバカでほほえましいね」というのは、ある意味で男の子の子育てに試行錯誤している親たちをエンパワーする言説ではあると思いますが、「男らしさ」の競争を補強する方向にも働いてしまう。達成も逸脱も、方向は違えど競争原理に基づいていて、「俺はこんなにすごいぞ」という誇示でしかないわけです。

太田　男子間のマウント合戦ですよね。

星野　そう。それによって有害な男らしさの素地が作られてしまうとしたら、やはりまずい。この時期から男の子は、お互いの弱みや不安、つらさといったものを表に出すことを「ダサい」「かっこ悪い」とする価値観の中で生きることを強いられます。それが自分の中の負の感情を言語化しにくくさせ、共感力やコミュニケーション能力の成長を妨げてしまう。本来得られたはずの自分の感情に向きあう機会を、周囲の接し方で奪ってしまうことになるんです。

太田　それはすごくすごく、よくわかります。マウント合戦が始まると、何が楽しくてそんなことをするのか私にはわからなくて、「そんな競争で勝って何の意味があるのか、ちょっと考えてみて?」と言葉をかけたりしますが、響いている実感はあまりなく……。

星野　女の子の場合は、低学年のころから共感ベースの友達関係をつくっていきますよね。よく女の子が交換日記をしたりしますが、実は低学年だと男の子もそういう欲求はあるんですよ。年齢が上がると男子はだんだん離れていってしまうんですが。

太田　そうなんですね。なんでなんだろうな……。

感情の言語化を妨げるのは何か

星野　感情の社会化のプロセスを、子どもの心理療法や家族療法をご専門にされている大河原美以《みい》さん（東京学芸大学教授）がこのように説明しています。まず①子ども自身の不快感情の表出があり、それに対して②周囲の大人からの感情の承認と言語化がなされる。たとえば「痛かったね」「怖かったね」「不安なんだね」というように。それによって子どもは自分の感情を言語化でき、安心感を得ることができます。しかし、周囲の大人が子どもの不快感情を否定し、抑圧してしまうことがあります。いちばん典型的なのは、男の子が道で転んだとき、続いて起こるであろう大泣きを予測した親が、先に「痛くない!」って言ってしまう。

太田　ああ、これはほんとうにありますね。よそのお宅とか、公園でたまたま一緒になったお子さんとか、何度もそういう場面を見ている気がします。泣きそうになっている子どもに「男の子だもんね、痛くないよね!」「男だろ、泣くな泣くな!」と、励まし口調で言う大人はよくいますね。しかし、転べば痛いのが自然なのに……。

星野　そう。その子の身体の中には痛みとかショックとか、不快な感情が駆けめぐっているのが事実なわけです。そこで、その子に大人が寄り添い「そうだよね。涙が出るよね。泣いていいよ。怖かったよねえ」と共感し、その不快な感情を言語化してあげることで、はじめて子どもは「これは恐怖なんだ」とその感情を認識し、受け入れることができる。子どもが自分の負の感情を表出しても、他者が受けとめてくれると感じること。その積み重ねこそが、子どもの感情の健全な発達につながるのです。それなのに、言語化する前に「痛くない」とか「泣かないお前は偉い」といきなり言われてしまうと、子どもは自分の負の感情は受け入れてもらえないことを体験的に学び、その感情を抑え込んでしまいます。結果それが何を招くかというと「解離」という状態です。たとえば、家では大人しく親の期待通りふるまうのに、学校では負の感情を抑制できず、友達に暴力や暴言をぶつけてしまう。そういう子はとても多いです。

太田　家庭で負の感情を出せないという抑圧が強いんでしょうね。

星野　ただ、暴言などで外に発散できる子はまだましとも言えて、それができない子は自傷行為などで行き場のない感情を解消しようとします。

いま学校で、いわゆる「大変な子」と言われる子の9割以上が男の子なのではと感じています。もちろんこの数値は統計的なデータに基づいたものではありませんし、女の子は「女らしさ」を強要されているがゆえに、男の子のようなわかりやすい「問題行動」をとるわけではないことに留意する必要はあります。ただ、僕自身、日々子どもたちと向きあっていてそんな実感があるのです。最新の脳科学の知見では、男性脳・女性脳（性別によって生まれつき脳の組成が異なるという主張）には根拠がなく、信憑性が低いとされています。にもかかわらず、なぜそうした差が生まれるかと考えれば、こうしたジェンダー規範の違いから、感情の社会化に失敗していると考えるのが妥当ではないかと僕は思います。

太田　それは、いまの社会で典型的な男の子への接し方が、問題をはらんでいることのひとつのあらわれのように思えます。

星野　そういう解離が積み重なっていった先に、アフェクトフォビア（情動恐怖）と呼ばれる状態が待っていると大河原さんは論じています。これは、自分や他者の感情にふれることを恐れて回避するような心理状態です。解離を続けた結果として、自分の感情を認識できない。同時に、他人の感情に共感する力も育っていないので、たとえばパートナーの強い感情にふれると思考停止してコミュニケーションを途絶させてしまう。強い感情に向きあうためには、言語化によってそれを対象化することが必要です。しかし、それができない人は、アルコールやセックス、ギャンブルや自傷行為などに依存することで、自分や他者の強い感情と向きあうことから逃避してしまう。

斉藤章佳《あきよし》さん（精神保健福祉士・社会福祉士）が、痴漢は依存症だと論じていますが、痴漢行為に依存する人は性欲にかられているというより、相手を支配する感覚に満足を得ていると言われています。これもアフェクトフォビアに起因する依存症の一種ではないかと思います。

感情の言語化を手助けするには？

太田　それを聞いて、離婚事案でよくある「夫と話し合いにならない」「大事なことだから話しあおうと一生懸命伝えても、『もうその話は終わった』『聞きたくない』とか、無視されてシャットアウトされてしまう」など、コミュニケーションにならない現象を思い出します。あらわせる感情の種類が乏しく、ほんとうは悲しみでも怒りにすぐ転化してしまうという印象を受ける男性も、離婚事案でよく見ます。そういう人は言葉を使った話し合いができない。社会人としては一定の地位に就いて、トラブルも起こしていない人でも、私的な親密圏での関係性になるとそれが露呈してしまうんですね。

星野　アンガーマネジメントの考え方では、怒りは二次感情で、それに先立つ一次感情は悲しみや不安や嫉妬《しっと》などの感情だとされます。その一次感情をどれだけ自己認識できるかが重要で、そこに言語化のスキルが必要なんです。

太田　清田隆之さんとの対談でも、男性の感情を言語化する能力の低さが話題になりました。「感情の言語化」は非常に大事なキーワードですね。清田さんは「自分の感情に対する解像度の低さ」という言い方をしていて、それも的確な表現だなと思います。私は、息子が泣いているとき理由を言葉で説明させようとするのですが、なかなかしてくれなくて……。自分で自分の感情を言葉にする練習は日常的にしないと、一朝一夕にできるものではないですよね。どうしたらいいのでしょう。

星野　もともとボキャブラリーが少ない子に「言ってごらん」と言ってもなかなかできませんよね。そういう場合は、SST（社会生活技能訓練）的な方法が有効なときがあって、有名なのは「気持ちの温度計」というのを使って自分の怒りの度合いを表現する方法です。ほかにも「感情ポスター」といって、いろいろな感情をあらわす絵文字を使って自分のいまの気持ちがどれにフィットするかを選んでもらう方法もあります。そういうツールはいろいろあるので使ってみるのもいいかもしれません。

太田　なるほど。言葉の前段階で、絵文字ということですね。わが家でも使ってみたいです。

学校制度に組み込まれた男性優位社会の価値観

星野　家庭内だけでなくて、学校というシステムにも男性優位社会を反映したところがあって、教員のあいだでも残念ながら、ジェンダーに関する意識はまだまだ低いと言わざるをえません。

僕が「校庭問題」と呼ぶ問題があって、多くの学校にはグラウンドの使い方のルールがあり、曜日ごとに種目が決まっているんですね。月曜日はサッカー、火曜日は野球みたいに。でも、そこに定められている遊びって、基本的に男の子の遊びばかりなんですね。

太田 ああ。

星野 その結果、グラウンドの真ん中を使って遊んでいるのは実際に男子ばかりなんです。それ自体が男性優位社会を反映し、再生産しているんじゃないかと思います。女の子たちが好む遊び――これも決めつけてはいけませんが――が、なぜそこに入らないのか。それが無意識のうちに再生産してしまう役割意識があると思うんですね。

太田 たしかにそうですね。息子の学校ではどうなんだろう。考えたことがなかったです。

星野 そういうところにもっと教員が気づけるようになるといいなと思うんです。僕たち教員は、言葉の上で多様性や男女平等を教えるだけではなくて、学校というシステムの中に組み込まれているジェンダー不平等に、もっと敏感にならなくてはいけません。

太田 そうですね。男子校出身の男性が、とくにジェンダーバイアスを強く内面化していると指摘されますよね。とりわけ名門とされる男子校から有名大学に進んだ人たちが、企業や官庁の中枢で意思決定をする大事なポジションの多くを占めている状況からすれば、日本社会のジェンダーギャップ指数が改善しないのは当然かもしれないと思います。

星野 片田孫朝日さんという灘中・高等学校の先生が、『男子の権力』（京都大学学術出版会）という本で、こういうことをおっしゃっています。大人からの刷り込みだけでなく、子どもたち自身も権力構造を作り出す主体としての側面をもっている。戦後教育の中では、児童中心主義の名のもとに、子どもが多少やんちゃをしてもそれを「子どもの主体性の発露」として受容しようとする教育観がよしとされてきたが、それによって男女差別や有害な男性性の再生産を容認してきた側面があったのではないか、と。

太田 すごくよくわかります。子どももほんとうに幼いうちから社会の影響を受けて、性差別的な価値観を無自覚に持ちはじめてしまう。だから、こと差別にかかわるテーマについては、小さいうちから親が意識的に子どもの価値観形成に介入する必要が高いのではないかと日頃から感じています。社会の性差別的な価値観を「自然に吸収してしまっている」ことを、そのままにしてはいけないだろうと。

星野 ええ。だからといって、片田孫さんも強権的な管理教育を肯定しているわけではなくて、どうしたら権力的ではない方法で介入できるかを考えるべきだということなんですが。

太田 いまの社会に現実としてある偏見や不均衡を是正するには、それを反映して子どもたちがとる行動に対しても積極的に介入する必要があるけれど、その方法が大事ということですね。子どもの各成長段階で適切な介入をし続けないと、性差別構造が強い社会では、無意識に性差別的な価値観を吸収して育ってしまいそうで、それがいちばん懸念しているところです。子どもの成長は早いので、急がないと適切なタイミングでの介入の機会をどんどん逃しちゃう気がするんです。

星野 そうですね。実際、教員の中でも男性教員と女性教員では、とくに「やんちゃな」男子たちの反応がだいぶ違うことを実感しています。学年が上がるにつれ、彼らは「弱い」「大人しい」女性教員をバカにしはじめて、話をまともに聞かなくなる傾向がある。ギャング・エイジになると男の子たちは教師の権力性を打ち倒そうとしはじめ、その闘争において「弱い」「大人しい」女性教員は圧倒的に不利なわけです。でも、そうなってしまうのは、そうなるまでの教育の中で、男の子たちの男尊女卑や権力志向的なマインドの芽に対して、教員たちが容認や看過をしてきたからだと思うんです。

弱さを認めることも強さ

太田　現実の教育現場では、そのようなことを意識した教育の実践をしている先生はまだ少ないと思うんですが、星野さんはどういうきっかけで、こうした教育に取り組みはじめたんですか。

星野　僕自身、父親から「男らしくしろ」「女の腐ったようなやつだ」と言われ続けて育ち、その言葉がけに対して心理的に拒絶しながらも、そうだと信じ込んでしまった。いま思えば父親も有害な男らしさに蝕まれた人で、彼自身も抑圧されて育ったということが理解できるのですけど。

そんな父に反発しながらも、やっぱり僕自身が有害な男らしさを内面化していたので、「男らしくない」自分に対するコンプレックスがすごくあった。ひとつは自分のことを「俺」と呼べないこと。もうひとつは車の運転が絶望的に下手なこと（笑）。運転が苦手なら上手な人に代わってもらえばいいだけの話なんですが、男性性に囚われた人は、それは負けだ、恥だと考えてしまう。男として格下に見られるという恐怖にかられるし、努力して克服しなければと考えてしまう。

僕自身もそういう意識に支配されていたので、車がダメならバイクに乗ろうと、わざわざバイクの免許を取って高いバイクを買ってみたり。バイクに乗ることで、車の運転が下手というコンプレックスが払拭《ふっしょく》されると思ったんですね（笑）。でも別にバイクが好きなわけじゃ全然なかった。やっぱりメディアが流布する「男らしさ」のイメージに引きずられていたんですよね。僕の黒歴史です。

太田　社会からの呪いですよね。内容は違っても「男らしさ・女らしさ」の呪いは男にも女にもありますよね。私自身もけっこう呪われながら試行錯誤し、いくつもの封印したい黒歴史を作りながら生きてきたと思いますし、いまも「女らしさ」の呪いを完全に解けているかはわかりません。その呪いにかかっていることをどう自覚し、自分でどう解いていけるかですよね。

星野　僕もその呪いにまだ囚われているところがありますが、相対化して見ることができるようになったのは僕にとって大きな進歩です。同じ呪いに苦しんでいる男性たちにぜひ言いたいのは、「認めてしまえば楽だよ」と。自分らしく生きるために、必要なときには「男としてのプライド」を捨てる。それもひとつの強さなんだと伝えたいんです。

太田　「強さ」イメージの転換ですね。

星野　そう。いまの自分から振り返ると、無理してバイクに乗ろうとしていた時代は男らしさの呪いの支配下にあったので、全然幸せじゃなかった。呪いにかかったままだと、自分の人生の主導権を乗っ取られた状態にあるわけですから。

その呪いを解除できたのは、やはりジェンダーに関する概念や学びを得たことと、周囲にもそういうことを話せる人が増えてきたことが大きかった。そういう「恥ずかしい」過去やコンプレックスがあることを話しても受けとめてくれると思える友人が周囲にいたので、安心して話すことができたのです。いまの自分は、以前よりも自分の人生の主導権を握っている感覚があって、幸せだと思います。家父長制に何の疑問ももたず、ハラスメントやDVをしてしまう父親たちは、「男らしさ」の呪いに支配されているから自分の人生の主導権を握れていないと思うし、僕には彼らがまったく幸せに見えない。

いま僕は運転が下手なことを恥じていないし、逆に積極的にそれを言っていくことで、運転が下手な男性がいてもいいんだということを周囲に伝えていける。だから、運転が下手でむしろよかったなと思っているんです（笑）。

太田　なるほど。呪いから解放された男性の魅力的なロールモデルが、もっと増えるといいなと思います。現実の大人でも、マンガや小説などのフィクションでもいいと思うので。

男性としての特権を自覚するには

太田　子どもに性差別のことを教えるとき、女の子は大学医学部入試の得点差別問題のように、ある意味で不利益がわかりやすいところもありますが、男の子の場合はそういう自分にとっての「わかりやすい不利益」を感じづらいと思うんです。いま下駄を履いているという自覚もないことも多いでしょうが、あったとしても下駄を脱ぐメリットってなんだろう、とか。つまり、少し乱暴な表現かもしれませんが、自分のこと「だけ」を考えるなら、性差別構造を変えようという強いモチベーションをもちづらいかもしれない。逆に、自分は別に男性で得していることなんて何もないと感じていて、男性としての「特権」なんて自分にあるとは思えないという男の子もいるかもしれない。そういう男の子やその親に対してどう伝えたら、性差別はみんなの問題だよ、あなた自身も問われているんだよという当事者意識をもってもらえるでしょうか。

星野　男性特権と女性差別って、コインの裏表ですよね。社会福祉学や教育社会学の研究をされている出口真紀子さん（上智大学教授）に聞いた話では、講義名に「女性差別について」と掲げたときより「男性特権について」と掲げたときのほうが、男子学生の食いつきがよかったそうです。女性差別は自分たちに関係のない話だと思うけれど、「男性特権」だと自分たちにどんな特権があるのかと興味をもつということですね。

そして、これも出口さんに教えてもらったのですが、特権と抑圧を実感できるアクティビティとして、簡単にできておもしろいものを紹介しますね。まず、スクール形式で机が並んでいる教室で、黒板の前に大きな段ボール箱を置きます。生徒に一枚ずつ紙を配って、その紙に名前を書いて丸めたボールを、自分の席から投げて段ボール箱に入れてもらう。そうすると、前の席の生徒は簡単に入れることができますが、後ろの席の生徒は容易に入れられない。そのうち、こんなゲームは無意味だといって投げるのをやめる生徒も出てくる。

太田　おもしろいですね。

星野　最後に、座席から黒板までの距離が何を意味すると思うか、と生徒に投げかけます。前方に座っている生徒は、シスジェンダーでヘテロセクシュアル（異性愛者）の男性や、経済的に恵まれた家庭環境などの特権をもった人で、後ろに行くほどそうではない境遇の人ということになる。そう説明すると、多くの生徒が直感的に理解してくれるそうです。アメリカなどではこういう実践が「社会的公正教育（Social Justice Education）」として研究され、学校でもおこなわれているんですね。

太田　これはぜひ大人にも体験させるべきですね。とくに、恵まれて育って社会的に高い地位にある層の人たちに。あたかも、すべてを自分の努力で勝ち取ってきたというような、社会的な構造や生まれつきの機会の差なんて存在しないかのように考えている

人もけっこういますから。努力によって勝ち取ったのはその通りでも、そもそも努力できる環境に恵まれたことが、偶然の幸運だったりするのにね。

星野 僕も出口さんの授業で実際に体験したんですが、このワークショップの後でこう説明されました。この教室があらわしているのは現実の世界だと。このゲームのような不公平な構造を変えていくには、特権をもつ側で気づいた人が行動する必要がある。教室の前方に座っている人は、前だけ見ていれば自分が優遇されていることに気づかない。でも、後ろを振り返って、自分が特権的な立場にいることを自覚した人は、もしも行動せずに特権にとどまろうとするなら、この構造の再生産に加担したことになる、と。

太田 差別構造の中で特権をもつ側は、その特権を行使して正しい行動をとるべきなんですね。特権をもっていることに気づいたなら、その上で何もしないということは不平等な構造への加担だというのは、ほんとうにその通り。私自身も、他のテーマの差別問題ではそのような消極的加担をしてしまっているかもしれないと、身がすくむような思いもありますが、できることからしないといけないですね。

星野 社会学者のピエール・ブルデューの「排除された者の明晰さ」という言葉があって、いまの教室のモデルでいえば、特権から排除された側には教室の後方から差別的構造がありありと見えるので、世界を明晰に理解することができる。他方、特権をもつ側はそれに気づかないふりをして生きることができるので、そのような明晰さをもちえない。自分の席から後ろを振り返って構造を自覚するには、やはり知識が必要だし、子どもたちはそれを教育の中で学ぶ必要があります。

太田　うちの息子たちはまだ幼いので、自分が男性としての「特権」をもつ側の属性だと言われてもピンとこないと思いますが、自分がどの立場にいようとも、自分とは違う立場の人も含めて全体を見る意識をもってほしいなと思います。憲法カフェなどをやっていても感じていることですが、社会の構成員として、よりよい社会をつくる責任が一人ひとりにあるという意識が、どうも日本社会では弱いように思います。

特権をもつ側の行動が変化をつくる

星野　特権をもつ側が行動すべきというのは実際の教育現場にも言えて、たとえばお母さんたちが頑張って学校に要望しても聞き入れられないことが、お父さんが言うと違ったりするんですよね。差別などの問題では、特権をもたない側よりも特権をもつ側が声をあげたほうが何倍も効力をもつ。たとえばセクハラが起きたとき、被害者の女性がいくら抗議しても「そのくらいのことで」と笑われたりして、まともに相手にされない。でも、周囲にいた男性が「いや、その発言はまずいんじゃないですか」と言うと、組織はそれを真剣に受け取ることがあるんですね。

これはいまの社会が男性優位社会であることの反映でもありますが、同時に、被害者ではない人の発言なので中立的な意見として受けとめられる。男性が、みずからの特権性や発言力を自覚した上で、それをよい方向に行使するということが大事なんです。

太田　ノブレス・オブリージュ（☆1）みたいなことですね。何かをできる力をもっているなら、それを行使すべき責任もあるだろうという。

星野　ええ。学校も、心ある先生は頑張っているんですが、中からだけではなかなか変えられない部分があるんです。そのときに保護者、とくにお父さんたちが一丸となって意見を言ってくれたら、事態が動く可能性が出てくる。それは実感としてあります。自分の子どもが受ける教育を良くしたいと思うなら、お父さんが自分たちの特権を自覚して、したたかに使ってほしいと思うんです。

太田　私は息子たちを育てるなかで男性の人生を想像しやすくなり、一種疑似体験しているような感覚があるんですが、同じように女の子を育てるお父さんたちも、違う性別の人生を疑似体験して、女性の不利にあらためて気づくということはあると思うんです。私の知り合いでも、娘がいるお父さんは性暴力や入試差別の問題にも敏感で、すごく怒っていたりします。残念ながらそうではない人もいますけれど、気づいた人から動いてほしいところです。

星野　男性の中にもジェンダー不平等をおかしいと思う人は増えていると思うんです。セクハラだけではなくて、パワハラや過労死が横行するような男社会の価値観にうんざりしている男性も実は多いはずです。

有害な男性性についての議論を通じて、男らしさの価値観が男性自身を生きづらくしているという認識は少しずつ浸透してきたと思います。ただ、「男だってしんどいんだ」という部分だけを強調すると、性差別構造の中で特権をもつ側であることを免罪する方向に悪用されてしまうおそれもある。

男性の生きづらさを入り口に、「こんな差別的な社会は男だってうんざりだ」という声になっていくためには、特権について考えさせる社会的公正教育とセットである必要があるんです。

太田　おっしゃる通りだと思います。「男だってしんどい」という声をあげることの大切さと、そのことを性差別構造の中で男性が言うことのセンシティブさに自覚的であるべきということを踏まえて声をあげようとする男性は、星野さん含め最近増えているという体感があり、心強く感じています。ひとりが声をあげると、「じゃあ自分も、実は前から思ってたことを言います」と、誰かの背中を押す効果があるんじゃないでしょうか。そういう良い連鎖反応をさらに期待したいです。

星野　「男らしさ」から降りるとか、声をあげることが、男社会の価値観において負けを認めることになるんじゃないかという不安はついてまわると思うんです。ＬＧＢＴＱのアライ（☆2）を表明するときも、「お前もホモじゃないのか」と疑いの目を向けられることは、女性嫌悪（ミソジニー）を内面化した多くの男性たちにとって恐怖です。でも、そういう不安や恐怖を感じさせている男性優位社会のカラクリが見えてくると、その怖さも克服していけるのではないでしょうか。

精神科医で人類学者の宮地尚子さん（一橋大学教授）は、トラウマについて語る声が、社会にどのように立ちあらわれ扱われるのか、そしてそのトラウマの当事者と非当事者それぞれの立ち位置と両者間で働く力学を、「環状島」という比喩を使って考察しています。環状島とはカルデラを取り囲むドーナツ型の島で、ある特定のトラウマごとに環状島は形成されるわけですが、トラウマのただ中にいる人間はカルデラの中に沈んでいて、その問題について声を発することができないんですね。一方で、

図　トラウマの環状島

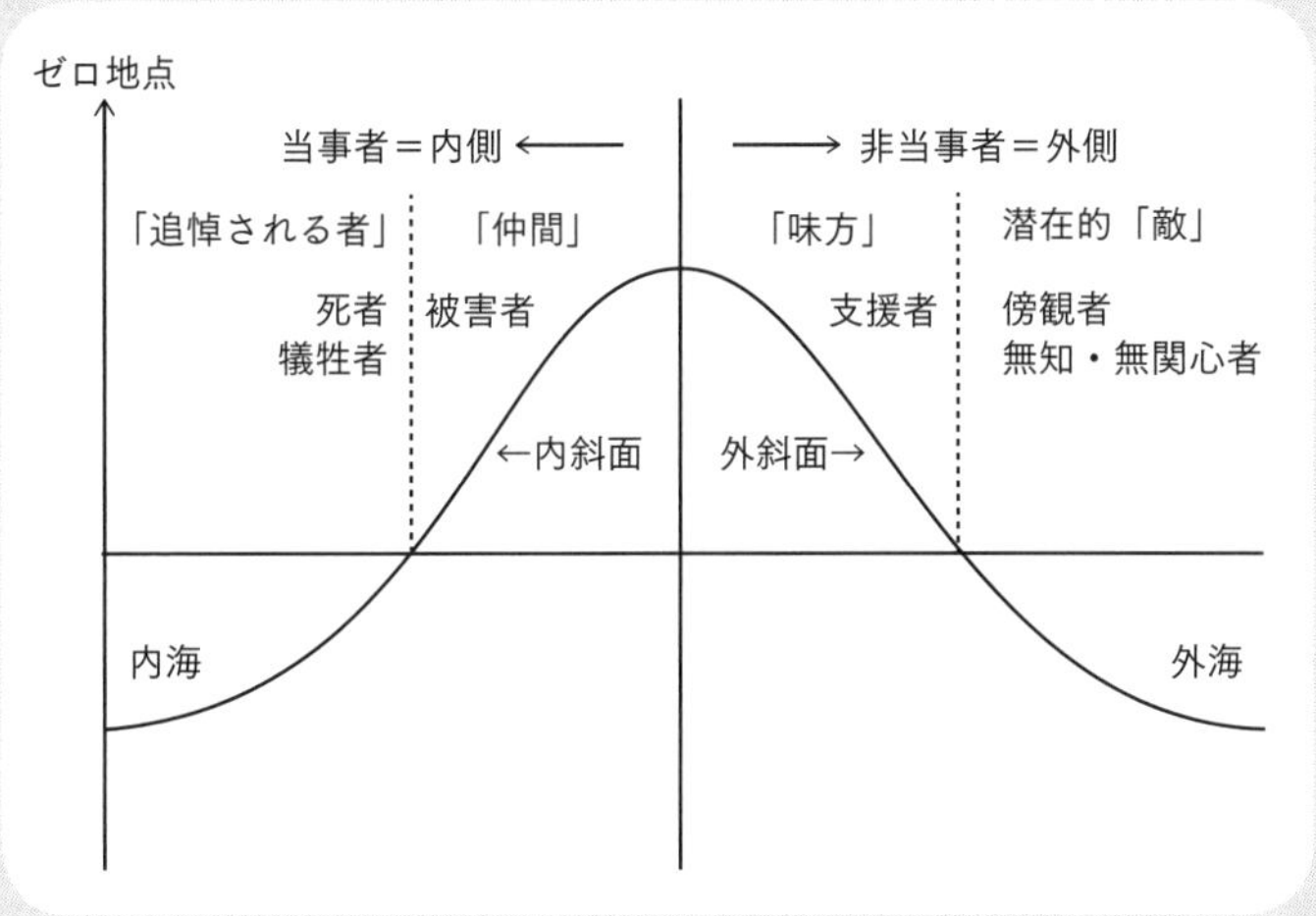

（出典）宮地尚子『環状島＝トラウマの地政学』みすず書房，2007年，92頁。

そのトラウマについて語ることができる人間は、環状島の陸地のどこかに位置します（図参照）。〈内斜面〉（カルデラの水面から尾根）にはトラウマの当事者、〈外斜面〉（尾根から島の外側）にはトラウマの非当事者が位置します。カルデラの〈水位〉は社会のあり方によって大きく変わり、〈水位〉が下がればその問題について語ることのできる人間が増える、と宮地さんはおっしゃっている。

性差別的な社会に対する異議申し立てが広がっていくと、水面下に隠れていた男性たちの「自分たちもこんな社会はうんざりだ」という声も表に出てくるはずです。

#MeToo運動によって女性たちからあがった声は、男性たちの隠れた生きづらさをも、表に出していくきっかけになるんじゃないでしょうか。

太田　それは、性差別社会にうんざりしている女性たちにも嬉しい動きです。一緒に性差別社会を変えたいですよね。

☆1　ノブレス・オブリージュ……直訳すると「高貴な義務」。中世の貴族が、特権と同時に領民を養う義務を負っていたことから、優位な立場にある者が社会のために果たすべき責任という意味で使われる。

☆2　アライ（Ally）……ＬＧＢＴＱなどの性的マイノリティの当事者ではないが、当事者の側に立って支援したり社会に発信したりする人のこと。

第4章 セクハラ・性暴力について男子にどう教える？

裁判長！
被告は私に「太ると結婚できないぞ」と言いました！
…判決有罪！
今晩のビール禁止の刑を言いわたします！
ガーン

ここまでの章で、男の子に対する大人の接し方、社会が男の子に発するメッセージの中に私が感じる問題を書き、それを相対化できるための性教育やジェンダーに関する学びの機会が少ないことをお伝えしてきました。なかでも、とくに現状で足りていないのではないかと感じているのは、性暴力をなくすために、具体的に男子に何を教えればいいかということです。

これは、なかなか家庭でも学校でも意識されず、実際に教えるにも伝え方の難しい問題だと思うので、ここで1章を設けて、それについて考えてみます。

なぜセクハラや性暴力について教える必要があるのか

自分の子どもが「セクハラや性暴力の加害者」になるというのは、考えもしないし、想像するのも子どもに失礼のようではばかられる気がします。とはいえ、現実の加害者にも親がいて、子ども時代があったはずです。人がなぜセクハラや性暴力の加害者になってしまうのかはケースにより、単純には言えないのでしょうが、子ども時代の大人からの接し方や教育で、少しでも加害の芽を摘むことはできないでしょうか。

圧倒的少数ではあっても、子ども時代にセクハラや性暴力の加害者になってしまうこともあることを考えれば、その教育は、やはりなるべく早めにする必要があると思います。たとえば、子ども時代の家庭内での性的虐待の加害者は、兄や弟ということが少なからずあります。

最近、奈良県の中学校で、男子生徒10人ほどがスマホやペン型カメラで女子生徒の着替えやスカート内を盗撮し、その画像をＬＩＮＥで共有し、売買までしていたことが報じられました。

もともと学校における性教育が不十分で、性暴力についても教えられていない現状で、いきなり子どもによるセクハラや性暴力が明らかになった場合、周囲の大人が「そもそも、なぜ性暴力をしてはいけないのか」という本質に遡って、きちんとした指導をするのは大変なことだと思います。実際の加害者にはならない圧倒的多数の男の子たちも、性暴力とはどういうもので、それが被害者（多くの場合は女性）にどういった影響を与える行為なのかを、きちんと理解しながら育っているかというと、現状では心もとないと思います。

望まない妊娠などと並んで、もっとも不幸な性との出会い方である性暴力について、男の子がみずから加害者にならないように、どう教えたらいいのかを考えてみたいと思います。

セクハラ・性暴力とはどのような行為か

当然のように「セクハラ」「性暴力」という言葉を使ってきましたが、この本の中でどのような意味で使っているか、あらためてここで説明しておきます。いずれも法律用語というわけではありませんが、ともに他者の性的尊厳を傷つける行為です。

「性暴力」には、広い意味から狭い意味まで考えられると思いますが、ここでは、相手の意に反する性的なできごとのうち、なんらかの犯罪に該当する行為、という意味で使います。レイプや強制わいせつ行為、痴漢などの、相手の意に反して性的関係をもたせたり、体に性的に接触したりする行為は当然性暴力ですし、盗撮やのぞき、下着泥棒、精液を女性の着衣や所持品にかける行為も「性暴力」に含みます。

一方、セクシャルハラスメント（セクハラ）は、犯罪には該当しないものも含むという意味で「性暴力」よりも広い概念です。セクハラの定義も、広い意味から狭い意味まで考えられますが、ここでは、相手の意思に反する性的言動や性的嫌がらせ、および性差別的言動という意味で使います。たとえば、相手の意思に反しているものの、犯罪といえるかどうかは微妙な、軽微な身体的接触（肩を揉む、髪の毛を触る、極端に近い距離に立ってにおいを嗅ぐ、など）、容姿を性的に中傷する言葉による嫌がらせや、全身を上から下までじっと凝視する、ポルノを他人の視野に入る場所に掲示する、「お茶を入れるのは女の仕事」「男は結婚してこそ一人前」のような性差別的言動、性的少数者を差別したり侮蔑するような言動が、セクハラの例です。

自分で直接セクハラをしなくても、セクハラを受けたと被害を告発している人について、なんの理由もなく疑ったり、「自分から誘ったんじゃないの?」「勘違いさせた側にも問題がある」「ハニートラップかもね」などと被害者を貶《おとし》めたり、被害をたいしたものでないかのように言いたがる、というのも世間には非常によくあることです。こういうことを「二次加害」とか「セカンドレイプ」などと言います。セカンドレイプもセクハラに入ると言っていいと思います。

「セクシャルハラスメント」という言葉によって、多くの女性が経験してきた苦痛な現象に名前が与えられ、可視化されたことの意味は大変大きいと思うのですが、あまりに言葉が広りすぎたために、かえって軽く捉えられてしまうこともあるのが気になっています。「性暴力」と「セクシャルハラスメント」を分けることは、セクハラを軽く位置づけるものではありませんし、セクハラは性暴力と同じくらい人を傷つけることもある、と強調しておきたいです。

セクシャルハラスメントを「セクハラ」と略すことも、カジュアルな語感にしてしまうことで、もしかしたら軽く捉えさせてしまうのかもしれないと迷うこともあるのですが、ここでは「セクハラは決して軽い行為ではなく、人の性的尊厳にかかわるものです」と強調した上で、

「セクハラ」という略称も使うことにします。

私生活でも、弁護士としての経験を通じても、私は性暴力やセクハラがどれだけ人の心と体に大きなダメージを与えるかを痛感してきました。弁護士になる前から私は、漠然と、なにかセクハラや性暴力被害にかかわるような仕事をしたいと思ってきました。私自身のいくつかの被害経験もあり、セクハラ・性暴力というのは人間の心のいちばん柔らかいところを踏みにじるような、尊厳それ自体を激しく傷つける許しがたい行為だと感じていたからです。それにもかかわらず、社会の中ではとても軽視され、正当に扱われていないという感覚がありました。なので、社会から性暴力をなくすために何が必要なのか、これまでずっと頭のどこかで考えながら生きてきているような気がします。

なぜ、男子に伝える必要があるのか

セクハラや性暴力を社会からなくすためには何が必要でしょうか。もちろん、いろいろなアプローチが考えられますが、教育、ことに男の子がセクハラ・性暴力加害者に育たないようにすることは重要なひとつです。そもそも加害する者がいなければ性暴力は発生しないからです。

さらに男子が、みずから加害行為をしないだけではなく、セクハラ・性暴力についての理解と関心をもち、積極的に被害者を助ける大人に育つようにすることも非常に大切だと思います。女の子は「被害者にならないように」と、自衛手段とされることをいろいろ教えられるのに、男の子が「加害者にならないように」と教えられる機会はなかなかありません。

もちろん、男性の大多数はセクハラ・性暴力加害者ではありません。ですが、女性が受けている被害について、女性たちと同じくらい切実に捉えている男性はまだまだ少数だと思います。身近なところでセクハラ・性暴力が発生していても、気づこうとせず、助けない人が多すぎだというのが率直な思いです。気づこうとも知ろうともしないだけでなく、声をあげている人を「自意識過剰」と笑ったり、「そんな言い方では誰も聞いてくれない」などと言って被害者の声を聞こうとしない人たちは、直接の加害者ではなくても、セクハラや性暴力に消極的に加担してしまっています。

これからの男の子たちには、「セクハラ・性暴力をしない」のは当然として、加えて「女性とともにセクハラや性暴力に怒り、被害者を助ける」大人になってほしいと思っています。

性暴力の加害者の圧倒的多数は男性

このように書くと、私がまるで世の男性はすべて性暴力の加害者予備軍であるかのように考えている、と誤解されるかもしれませんが、もちろん決してそうではありません。ですが、性暴力をなくすためには「まずは男の子が加害者に育たないようにすること」と書いているのには理由があります。

まず事実として、現実に起きている性犯罪において、加害者になっているのは圧倒的に男性です。たとえば法務省の犯罪白書を見ると、重大な性犯罪の加害者の99％以上が男性です（☆1）。一方、被害者は96％以上が女性です。ここでいう「重大な性犯罪」とは、具体的には強制性交等罪（暴行や脅迫を用いて無理やりおこなうレイプのほか、口腔性交や肛門性交を含む）および準強制性交等罪（レイプ、口腔性交、肛門性交を、暴行や脅迫を手段にせず、泥酔など相手が抵抗できない状態に乗じておこなうこと）を指します。ですので、先に定義した「性暴力」のうち、とくに悪質な一部の行為についての統計ということになりますが、しかし「性暴力」全体について言っても、加害者の圧倒的多数は男性です。

誤解がないように書き添えておくと、男性も性暴力被害を受けることがあり、女性同様にその影響は深刻です。女性の性被害でさえ、いまでも告発しづらいものですが、男性の場合は「男性の性被害」というものの存在を周囲も理解してくれないために、よけいに声をあげづらいといわれます。それが大変深刻な問題であることは、強調してしすぎることはありません。

もしもこの本の読者に性被害を受けた男の子がいたら、信頼できる大人に相談してほしいと思います。相談された大人は決して茶化さず、「気にしすぎ」などと言わずに真摯に聞いてください。日本弁護士連合会のウェブサイトには、全国の弁護士会の子どもの人権に関する相談窓口一覧（☆2）があります（加害者になってしまったかも、という場合もこの窓口で大丈夫です）。

ただ、被害者が男女どちらの場合でも、その加害者は圧倒的多数が男性なのです。つまり、男性↓女性の性暴力、男性↓男性の性暴力に比べて、女性↓男性、女性↓女性の性暴力は圧倒的に少ない、というのが事実なのです（ただし、女性による言葉や態度のセクハラは少なからず存在します。とりわけ、性被害に声をあげた女性への二次加害的な発言は女性からもしばしば向けられます。これらが許されない行為であることはもちろんですが、本書のテーマからは外れるので、これはまた別の問題として考えたいと思います）。

これは、男性にはもともと（生物学的に／遺伝子のレベルで／脳の機能において）そうした「本能」が備わっているから、という話ではありません。なぜ性暴力が起きるのかについてはさまざまな議論がありますが、「性欲は本能だから」「男の性欲は強く、理性で抑えられないことがあるから」といった言い方で原因を説明するのは誤りです。

そもそも、ほんとうに人の性欲が「自然な本能」か、という問題もありますし（性欲の有無や程度は、実は人によってさまざまです。また、人間は生殖を目的としないセックスをする動物である、ということも押さえる必要があります）、仮に「本能」だとしても、同じく本能とされる食欲については、いつ・どこで食べるかはその時々の状況により適切に判断し、我慢すべきときは我慢するなど、社会的に相当かどうかで多くの人がコントロールできています。「強すぎる性欲をコントロールできず性暴力に走る」というケースもゼロではないかもしれませんが、すべての性暴力事案にあてはまるものではまったくありません。

痴漢行為を依存症の一種と捉え、痴漢常習者と向き合っている斉藤章佳さんが、痴漢加害者約200名に対し「痴漢行為中に勃起していたか」と問うたところ、過半数が「勃起していない」と回答したそうです(☆3)。性暴力の動機、原因は、かならずしも性欲だけでは説明がつかないことも多いのです。

性暴力加害者がなぜ加害行為をしてしまうのか、そして、統計から明らかなように加害者の圧倒的多数が男性であるということには、やはり現在の性差別構造をもった社会で、男性に刷り込まれる「有害な男らしさ」の中に、性暴力加害者になりやすいバイアスが潜んでいることと大きな関係があるのではないかと思います。たとえば、「女性を支配することが『男らしさ』の証」「男性は女性より性的に優位に立つべきだ」といったものです。そうした「男らしさ」の規範を無理やりにでも実現しようとしたとき、女性を下に見る意識とあわさって、一部の男性が性暴力行為に走ってしまう、ということもあるのではないでしょうか。

だとすれば、社会から性暴力をなくすには、男の子を育てるなかで、性暴力加害者的な発想につながりかねない「有害な男らしさ」の芽を注意深く取り除き、女性を常に人として尊重し対等な関係性を築けるよう意識して育てるという視点が、社会にもっと必要だと思います。

1章で例をあげた通り、まっさらな状態で生まれた子どもたちにも、社会は否応なくいろいろなものを刷り込んできます。社会が刷り込んでくる有害な発想に染まらないよう、あるいはそれを相対化できるような別の視点をあらかじめ教えることは、ワクチンのような効果があるでしょうし、多少染まった後でも、やはり継続的な教育が解毒剤の効果をもつでしょう。

加害者たちの認知の歪みの根深さ

性暴力について訴えられたとき、加害者がよく口にするのは、「悪気はなかった」「親しみをこめてちょっとふざけただけだった」などの言い訳です。「(被害者)女性側から誘われたと思った」「恋愛関係にあったはずだ」と、第三者が驚くような思い込みを堂々と披瀝《ひれき》する加害者もいて、被害者から見た世界とのあまりのギャップに、くらくらすることもしばしばです。

「お互いに合意がある関係だった」という思い込みが強すぎ、被害者がどれだけ傷ついているのか、自分が何をしたのかの意味もわからず、それどころか「ハニートラップにかけられた」「当時は合意があったのに、後からレイプだと言われて陥れられた」と被害者意識を募らせる人もしばしば見ます。そうした加害者に、どうしたら「あなたがしたことは相手の意に反する性暴力なんだ」と理解させられるのか……。暗澹《あんたん》とした気持ちになります。

さまざまな事件の例を見ると、性暴力の加害者が、自分の行為の意味を十分理解して反省するのはほんとうに難しいことです。それまでのその人の人生の中で形成されてきた価値観、女性を見る目の歪みは、容易には矯正できないようです。

多くの性暴力事件を単純にひとくくりにはできませんが、私は、そもそも性暴力とは何か、どのような影響があり、なぜしてはいけないのかということが、社会全体に常識として共有されていないこと、とくに男性に対しては、むしろ性暴力を軽視させ、誤って認識させるメッセージさえも発せられていることが、背景にあるのではないかと感じています。

「セクハラ加害者にさせない」ための教育には何が必要？

親になると、子どもに社会でのふるまい方や、ことの善悪を教えなくてはいけない場面が毎日のようにあります。でも、親や先生から「人を叩いちゃダメ」「弱い者いじめはダメ」「陰口を言ってはダメ」と言われることはあっても、「こういうことはセクハラ・性暴力にあたるからダメだよ」と教えられる機会というのは、男女問わず、なかなかないのではないでしょうか。

性的接触をするような年齢にもなれば親との会話は減るでしょうし、子どもがどんな性的行動をとっているかは、親子であってもプライバシーの領域ですから、あれこれ踏み込むべきではないのも当然です。でも、だからこそ、子どもが実際に性的行動をする年頃になる前までに、セクハラ加害者にさせないための教育を意識的にするべきだと思います。

具体的に何が必要かは、私も日々悩んでいるところですが、

①自分の体も他人の体も尊重する意識を育てる包括的性教育
②性暴力がどれだけ人を傷つけるかを知ること
③性暴力加害者的な発想の萌芽になりそうな表現へのリテラシーを持つこと

のように整理されるかなと考えています（②③も広い意味で①に含まれるのかもしれませんが）。

①の包括的性教育の必要性は、すでに3章で書きました。③については5章でふれることにして、ここでは、主に②について考えていることを書こうと思います。

性暴力がどれだけ人を傷つけるかを伝えるには

性暴力とはどういう行為であり、それがどれほど人の心を傷つけるものなのか。被害者にも加害者にもならないために、それを子どもにどう教えればいいかはとても悩ましく、私も毎日

試行錯誤しています。

就学前の幼いころには、子ども自身が性被害に遭わないように、いま以上に気をつけていて、『とにかくさけんでにげるんだ　わるい人から身をまもる本』（ベティー・ボガホールド著、岩崎書店）という絵本を読み聞かせたりしていました。「こういうことがあったら叫んで逃げなさい」と、やさしいイラストでシンプルに子どもに説明する絵本です。

相手の意に反して体を触ったり傷つけたりしてはいけない、ということは一般的なモラルとして教えられますが、一方で、お互いの同意があって主体的に望むものであれば、肉体的接触は快楽であり、精神的な安心感をもたらすものでもあります。そのことを同時に教えないと、ただ性を怖がらせたり、罪悪感をもたせたり、汚いものと感じさせてしまうかもしれず、そのあたりが難しいなあと思うところです。

私は息子たちに対して、「相手がいいと言わなければ、ひとの体に勝手に触ってはダメ。触ってほしくないときに触られることは、すごく嫌な気持ちにさせてしまうし、怖がらせるから」「でも、相手がいいと言えば、好きな人と手をつないだり、ぎゅっとハグしたりすることで、お互いに好きだなという気持ちを実感できて嬉しくなったり、もっと好きになったりすることもあるんだよ。誰かの体に触ることは、お互いにとても幸せな気持ちになるときもあれば、すごく怖い嫌な気持ちにさせることもあって、相手と自分がどんな仲かによって真逆なんだよね。

だから相手の気持ちをよく確認することがすごく大切だね」というような説明をしています。

あるとき駅で「痴漢はダメ」というポスターを見て、息子が「痴漢って何?」と聞いてきたことがありました。当時、小学校の低学年くらいだったと思います。

「こっちは触られたくないのに体を触られることだよ。女の子の被害が多いけど、男の子の被害もあるよ。残念ながらそういうひどいことをする悪い人がいる。すごく怖くて嫌な思いをするものなんだよ」と説明しました。それでも、あまりピンときていないようすだったので「たとえば、もし知らない男の人が、いきなりママのお尻を触ってきたりしたら、ママはすごく怖くてイヤーな思いをする。触られたところが汚くなったみたいに感じて、気持ち悪くてお風呂でごしごし洗いたくなる」と言うと、多少は伝わったようで、こわばった顔をしていました。

性暴力被害の重さを想像できない男性たち

私の人生で、性暴力は身近で日常的でした。知識があるいま振り返れば、警察に被害届を出したり、民事上の損害賠償請求をできるような被害に遭ったこともあります。違法といえるか微妙でも、見知らぬ男性から怖い思いをさせられ、思い出すといまも動悸《どうき》がすることがあります。たとえば、スーパーで見知らぬ男性がずっと後をつけてきたり。また、エスカレーターに乗っていたら、反対側から突然男性が手を伸ばして手を握ろうとしてきたこともありました。たまたま手すりから手を離した瞬間だったので、かすったという感じでしたが、いきなり伸びてきた手にぎょっとして振り返ると、男性がにやにやして反対方向に遠ざかっていくところでした。気持ち悪くてエスカレーターを駆け降りましたが、そのときの恐怖と不快感は忘れられません。

こうした経験は、決して私に特有ではなく、多かれ少なかれ女性には覚えがあるものです。2019年1月21日に「#WeToo Japan」が発表した「公共空間におけるハラスメント行為の実態調査」（関東圏の男女約1万2000人対象）によれば、電車やバスなどの公共空間で「自分の体を触られた」「体を押し付けられた」経験がある女性は半数近くにのぼりました（☆4）。また、内閣府の調査によれば、女性の約13人に1人は無理やり性交等をされた経験があります。未遂も含めればきっともっと多いでしょう。その加害者の9割弱は、配偶者や上司、知人など、なんらか面識がある人です。被害者のうち6割は誰にも相談しておらず、警察に相談した人は3%もいません（☆5）。性被害を誰かに相談するのはハードルが高いことで、警察が把握したり統計にあらわれる性暴力被害は、実際に起きているもののごく一部なのです。

私も、自分の被害ではなくても、女性が受けた性暴力被害を聞けば、世の中への恐怖心がより増して、警戒しなければならないことが増えたと感じます。いつも頭のどこかで、より被害に遭いづらい行動を考えて暮らしています。男性にはたぶん、こうしたことを考えたこともない人が多いのでしょうね。

属性の違いによって世界の見え方が違うというのは仕方ないことですが、「自分は男性だから性暴力被害のことなんて考えたことがなかった」というのが当然なまま、多くの男の子が大人になるのは問題です。こんなに重大で深刻な暴力が毎日起きていて、苦しんでいる女性がたくさんいるのに、社会のもう半分である男性がそれにまったく無関心でいいはずがありません。自分の家族や友達など身近な女性が被害を受けている可能性もあるのです。

「いじめはいけない」と子どもに教えるとき、いじめられるのがどんなにつらいことかを伝えて想像させようとするでしょう。同様に、性暴力についても、性暴力に遭うというのがどんな経験かを、子どもの年齢に応じた伝え方で教えるべきではないかと思います。

性暴力被害者の手記は数多く出ていますから、ある程度の年齢になったら親から勧めてみることも考えられると思います。うちではまだ子どもが幼いので、深刻なものは受けとめきれないだろうと思い、いまのところはマンガです。息子に読ませるために置いているというより、私が読みたくて読んでいるもののうち、息子にもいいなと思うものを勧めたりしています。

たとえば『さよならミニスカート』(牧野あおい作、集英社)は、性被害も含めた女の子の生きづらさを正面から扱った意欲的な作品です。『7SEEDS』(田村由美作、小学館)は単行本にして35巻の大作で、性暴力がテーマというわけではないのですが、重要な登場人物がレイプ未遂事件を起こすエピソードがあり、これがとくに終盤のストーリーで重要な意味をもってきます。レイプが、憎悪する女性を痛めつけるための手段として選ばれていることがよくわかる描き方になっています。また、『マンガでわかるオトコの子の「性」』（染矢明日香著、みすこそ画、村瀬幸浩監修、合同出版）は、セクシュアリティに関する基本的で重要なことをわかりやすく描いており、包括的性教育の入り口として親しみやすく、お勧めです。この本では性暴力についても1章設けてふれられています。ほかにも、子ども向けの性教育の本やマンガはいろいろ出ています。

子どもに性暴力について教える際に、反面教師とすべきだと私が考えている大人の態度が三つあります。それは、

①性暴力の背景に被害者の落ち度があると考える（レイプ・カルチャー）
②現実の性暴力をエロネタにする
③身近で性暴力が起きても助けない

というものです。以下で順に説明していきます。

レイプ・カルチャーとは何か

「レイプ・カルチャー」という言葉を聞いたことがあるでしょうか。学術用語ではないので

厳密な定義はないでしょうが、たとえば「性暴力が普通のことと考えられていて、レイプしないよう教えられるのではなく、レイプされないよう教えられる文化」などと説明されます。1970年代ころからフェミニストが使うようになった用語のようです。

性暴力が起きたとき、たとえば「そんな服装をしていたなんて」「2人で飲酒をしたなんて」などと被害者の「落ち度」を責める言葉を聞くと、まるで、起きても仕方ない自然災害への備えを怠っていたことを非難しているかのようです。性暴力があたかも自然災害のように「普通」のことと扱われ、被害者のほうがそれを避けるための対応をしなくてはならない、とされるのがレイプ・カルチャーです。

相手が望まない性的行為（セックスのみでなく、性器や胸などのプライベートゾーンに触ることや、言葉によるセクシャルハラスメントも含む）なのに、それを性暴力と認知しようとしなかったり、性被害について声をあげた女性に「露出が多い服装をしていたのではないか」「2人で酒を飲んだらセックスの合意があると思われても仕方ない」「ハニートラップでは？」などと非難が集中するような現象がよくみられる社会にはレイプ・カルチャーがあるといえます。

私は、日本におけるレイプ・カルチャーの浸透はかなり深刻だと思っています。あまりに日常化されているので、それと意識されることも少なく、男子でも女子でもレイプ・カルチャーの影響をまったく受けずに育つことは現実的ではないのではないかと感じるほどです。被害者の「落ち度」を非難するような言葉を子どもが見聞きしていたら、積極的に「これはおかしい」と、その都度伝える必要があります。

現実の性暴力を「エロネタ」扱いする人々

現実に起きた性暴力事件を、まるでポルノを見るように、性的対象として楽しむ人がいます。私が司法修習生のとき、刑事裁判を見ていると、性犯罪事件ばかりを狙って傍聴に来る男性がいることに気づきました。刑事裁判を傍聴する機会が多かったり関心をもっている人たちのあいだでは、「性犯罪傍聴マニア」がいるという事実はわりと知られたことだと思います。一部には研究目的の人もいるのかもしれませんが、その大半を占めているのは、現実の性犯罪事件の具体的内容について「楽しむ」ために来ている人でしょう。

裁判は公開されなくてはならないと憲法で決められていますから、誰でも傍聴できます。どんな目的が内心にあっても、傍聴は制限されるべきではありません。しかし、被害者は非常に深い傷を負っているのに、無関係の第三者から性的関心を帯びた視線で見られ「楽しまれる」という、さらなる苦痛を受けることになってしまいます。他人の性暴力の被害を「楽しむ」ために見に行くというのは、セカンドレイプの発想以外の何ものでもありません。

やはり司法修習生のとき、同期の男性が「性犯罪被害者の調書は最高のポルノだよな」と、おもしろい冗談を言っているかのような口調で話していて、ぎょっとしたことがありました。とっさに「そんなふうに言われるの、被害者はたまったものじゃないと思うよ」と答えると、その人ははっとしたように、ばつが悪い表情になりました。その男性は決して普段から性差別的な言動をするような人ではなく、仲も良かったので、「この人でもこんなこと言っちゃうんだ」と、かえってショックを受けたという経験があります。

学生時代には、男性の同級生と性暴力の話をしていて、「男性の性被害だってある」と言ったら、彼は「え、いいじゃん」とにやにやしていました。あまり理解できていないようだと思って私が「自分がしたくないときに、触られたくない人から触られるっていう意味ですよ。男性の性被害は、加害者が女性のこともあるけれど、男性のことがほとんどで、力で押さえつけられたり、集団で性的嫌がらせを受けるとか、そういうことだよ」と言ったら、彼は途端に「そういうのは嫌だな……」と苦い顔になりました。その人の脳内ではたぶん、男性の性被害というのは「セクシーな女性が、やる気満々で強く迫ってくる」みたいなイメージだったんでしょうね。自分が無理やりに性的接触を受けるという事態は想像もしないんだなと思いました。

性暴力被害の中でも、とくに電車内での痴漢は、「よくあるちょっとエッチなこと」という扱いを受けています。たとえば、電車の中で痴漢被害に遭ったということを話していたら、「どんなふうに触られるの?」と興味本位な表情で男性から聞かれたことがあるという女性はけっこういます。私も経験がありますが、そういうときの男性は「下ネタ」「エロネタ」を話しているときと同じ態度なので、彼らの中で性暴力被害は「エッチな話」の一種として歪曲され、矮小化されて受けとめられているのでしょう。

これは個人レベルのことでなく、社会の中で堂々と語られていた認識だったことが、『痴漢とはなにか』(牧野雅子著、エトセトラブックス)を読むとよくわかります。この本では、1950年代から現在までの雑誌や新聞の中で、痴漢がどのように語られていたかの膨大な実例を紹介しています。作家やミュージシャンが、新聞や雑誌で過去の自分がした痴漢加害体験を懐かしく回顧していたり、痴漢被害を受けた女性タレントにインタビュアーが「気持ちよくなかった?」と聞いたりしています。このように痴漢を娯楽目線で語る記事は、2000年代の週刊誌にもありました。

女性たちも、このような言説にふれながら生きていると、痴漢に強い苦痛を感じながらも「痴漢は性暴力なのだ」となかなか認識できなかったりします。「性被害に遭ったことはあるか」というアンケートに対して、「性被害っていうのはないけど、痴漢ならしょっちゅう遭っていた」と答えるようなこともあります。何年も経ってから、何かをきっかけに「私は実は毎日、性暴力被害に遭っていたということではないか」と気づいたりするのです。

もちろん外国でも性暴力事件やセクシャルハラスメントは多々起きています。しかし、外国と比べ治安が良いとされる日本社会で、こと電車などにおける痴漢については多発しており、このアンバランスさは外国から見れば異様だと思います。たとえば、英国政府が自国民向けに海外に渡航する際のアドバイスを書いているサイトで、日本については「犯罪率は低く、夜の外出や公共交通機関の利用も安全」としつつも「しかし、通勤電車内での女性への不適切な接触、痴漢（chikan と原文にあります）は頻繁《ひんぱん》である」と警告しています（☆6）。

ジャーナリストの治部れんげさんは、複数の知人の在日外国人が痴漢問題について憤り、「性犯罪について、きちんと対応しないと、外国人は日本に行きたくなくなってしまいます。被害者には支援、加害者には治療、そして社会は痴漢や性犯罪をなくすために議論を続けなくてはいけない」（台湾人30代男性）とまで述べていることを挙げ、「痴漢を含む性暴力は人権の大問題だ。加えて、現状を放置することは国益を損なうことにもつながる」と指摘しています（☆7）。「治安が良い国」だけど、女性は電車内で日常的に痴漢に遭っている、そのうえ痴漢という性暴力の「暴力」の部分が透明化されて「性」ばかり強調されたエロネタとして扱われることまである――こんな日本の状況は決して「当然」ではありません。

痴漢被害者に気づかない、気づいても助けない大人たち

さらに、子どもにとっては反面教師というほかない大人の態度として、身近にいる痴漢被害者に気づこうともせず、気づいても助けないというものがあります。

10代女性のための社会活動をしている一般社団法人Colabo代表の仁藤夢乃さんが、山手線内で偶然、女の子への痴漢行為を目撃して助けに入った際の経験を公表しました。これによると、ひとりで乗車していた6歳くらいの女の子が、男性から隣の席に座らせられ、体を触られていたそうです。仁藤さんは気づいてすぐ、男性と女の子のあいだに座って女の子を守りつつ、パートナーにLINEで連絡して警察への連絡を求めました。そのあいだも男性は女の子を見てにやにやしながら「かわいいね」とつぶやくなどしており、周囲の乗客も何人かは気にしているようすだったにもかかわらず、車内では誰も何もしてくれなかったといいます。

仁藤さんは駅に着くころ、女の子と手をつないで、近くにいた3人組のサラリーマン風の男性に駆け寄り、「あの人痴漢です。つかまえてもらえませんか」と声をかけましたが、「いやあ、僕たちもこれから仕事があるんで」と断られました。電車のドアが開くタイミングで、別の男性に声をかけ「あの人痴漢なんでつかまえてください！」と言うと、痴漢の男はホームに飛び

出し、奇声をあげて走って逃げたそうです。仁藤さんは何度も「痴漢です！ つかまえてください！」と叫びましたが、男はそのまま逃げ切ってしまいました。

仁藤さんの文章を引用すると、

「車内には私たちの周りだけで20〜30人の乗客がいて、そのうち数人は明らかに私たちに気づいていた。女の子が被害に遭い、私が助けたところを見ていたはずだ。新宿駅のホームでは、近くに100人はいたと思う。でも状況を察して男を追い掛けてくれたのは、2人の男性と、一昨日上京したばかりという23歳の女性だけだった」（☆8）

仁藤さんのこの投稿に対して、「同じ経験をした」「幼いころ被害に遭ったのを思い出した」と250人以上の人がSNS上で共感の言葉を寄せました。この声を仁藤さんがまとめていますが、大勢の人が「自分も同じような被害に遭ったけれど、やっぱり誰も助けてくれなかった」と書いています。

私も大学生のころ、電車で座っていたら、目の前で立っていた女性の体を男性が触りだしたのを目撃したことがあります。その男性は体が大きく威圧的な雰囲気で、電車に乗ってきたときから明らかに挙動不審でした。それで私は、自分で注意するのは怖く感じ、隣で寝ていた父親くらいの世代の男性に声をかけて「すみません、あの人変なんですけど助けてあげてもらえませんか」と言いましたが、その男性は目を開けたものの「え？ いや、うーん、大丈夫だよ」と、ごまかすようなことを言って何もしてくれませんでした。私が焦っていたところ、私に気づいた痴漢男性は離れていきましたが、ひとりで心臓がばくばくしていました。いまなら、ひとりで立って車両の非常通報ボタンを押しますが、当時はその発想がありませんでした。

性暴力被害の態様はさまざまですが、電車内の痴漢は、とくに都市部ではほんとうに日常的です。中高生時代をふりかえって「毎日痴漢に遭っていた」という女性は少なくありません。周囲に大勢人がいるなかで性暴力が発生していて、誰も助けないという状況はどう考えても異常です。仁藤さんや私も経験したように、助けを求められても、なお何もしない人もいます。

2020年1月には、大阪の地下鉄駅ホームで白昼に、10代後半の女性が見知らぬ男性から強制性交等罪の被害に遭うという事件までありました。女性には身近な恐怖である性暴力について、男性も身近に感じて、周囲に意識を払ってほしいし、子どもにはそういうことができる大人に育ってほしいのです。

男性による主体的な動き

私がここまで書いてきたようなことは、すでに一部の男性には十分意識されており、「暴力を許さない、男たちの主体的なアクションを起こそう」という団体もあります。

1991年にカナダで始まった「ホワイトリボンキャンペーン」は、男性が主体となって暴力の撲滅に取り組むものです。この運動が始まったきっかけは、89年にモントリオールの大学で25歳の男性が、女性の権利拡張への反対を叫びながら女子学生ばかり14人を殺害し、自殺を図る事件が起きたことです。男の遺書めいた手記には、自分の人生がうまくいかなかった原因を女性の権利拡張に求め、その論者である女性たちを逆恨みする内容が書かれていたそうです。

日本では2012年に神戸で活動が始まり、2016年4月には一般社団法人ホワイトリボンキャンペーン・ジャパン（WRCJ）が設立されました。WRCJのサイトにある「性暴力、DV、さまざまなハラスメント…暴力をなくしていくカギのひとつ、それは暴力を振るわない大多数の人たち、とりわけこの問題に『無関係だ』と考えがちな男性たちが、主体的に解決へ向け行動すること」という言葉に、強く共感します。いままでの日本社会にはそれが不十分すぎました。

これからの男の子たちには、自分が加害者にならないだけではなく、性暴力をなくすために主体的に動く大人になってほしいと願っています。

☆1　法務省『犯罪白書』（平成30年版）によれば、強制性交等罪の検挙人員は910人。うち女性は4人（0・44％）。

強制性交等罪の認知件数は１１０９件。このうち女性被害者は１０９４人（98・6％）。強制わいせつ罪の検挙人員は２８３７人で、うち女性は９人（０・32％）。強制わいせつ罪の認知件数は５８０９件で、このうち女性被害者は５６０９人（96・6％）です（データはいずれも平成29年）。統計にあらわれない暗数はあるでしょうが、性犯罪の加害者の圧倒的多数は男性で、被害者の圧倒的多数は女性であることは明白です。

☆2　日本弁護士連合会「弁護士会の子どもの人権に関する相談窓口一覧」https://www.nichibenren.or.jp/legal_advice/search/other/child.html

☆3　斉藤章佳『男が痴漢になる理由』イースト・プレス、２０１７年、66頁。

☆4　#WeToo Japan「公共空間におけるハラスメント行為の実態調査」２０１９年１月21日発表（http://7085aec2289005c5.main.jp/assets/doc/20190120_harassment_research.pdf）。

☆5　内閣府男女共同参画局「男女間における暴力に関する調査（平成29年度調査）」（http://www.gender.go.jp/policy/no_violence/e-vaw/chousa/h29_boryoku_cyousa.html）。

☆6　"Reports of inappropriate touching or 'chikan' of female passengers on commuter trains are fairly common.," Foreign travel advice: Japan（https://www.gov.uk/foreign-travel-advice/japan/safety-and-security）カナダ政府のウェブサイト（https://travel.gc.ca/destinations/japan）にも同様の記載がある。

☆7　治部れんげ「『日本の痴漢問題はおかしい』日本在住の外国人は驚愕している」『FRAU』２０２０年３月20日（https://gendai.ismedia.jp/articles/-/70697）。

☆8　仁藤夢乃「もしも性暴力に遭遇したらどうする？-」『imidas』２０１８年８月９日（https://imidas.jp/bakanafuri/1/?article_id=l-72-001-18-07-g559）。

第5章 カンチガイを生む表現を考える

私たちは、テレビや雑誌、インターネットなどのメディアの中の女性や男性、その関係性の描き方から、いろいろな影響を受けます。こうしたメディアの表現の中には、これから大人になる男の子たちが、性差別や性暴力について適切に理解するために資するものもあれば、適切な理解の妨げになるのではないかと気になるものもあります。

この章ではそのような、男子のカンチガイを生まないか気になるメディア上の表現、という問題意識から考えてきたことを書いてみます。

「エロいことになってる」から「エロく」感じる

まず、大きな前提として、私たちの「性欲」とはいかなるものかを考えてみたいと思います。それは果たして、巷《ちまた》で言われているように「自然」な「本能」によるもの、「理性ではコントロールできない」ものなのでしょうか。

個人差はあるにせよ、性欲は成長にともない思春期前後に芽生えてくるもので、これはまったく自然な生理現象です（なかには性的な欲求を抱かない「アセクシュアル」と呼ばれる人もいます）。しかし、性愛の対象となる相手のどんな部分にドキドキするかは、一定程度、社会的につくられた文化に影響されるところがあります。村瀬幸浩さんは、「性欲というのは本能ではなく文化です。だからこそ、きちんとした性教育が大事になってくるわけです」と性欲の本質を指摘しています（☆1）。

この「性欲は本能ではなく文化」というのは大事なポイントなので、少し具体的に書きましょう。たとえば、いまの社会では、女性の乳房は性的興奮を誘うものとして認知されています。実際、グラビアなどで女性の大きな胸を強調し、「Gカップボディ」などと売りにすることはよくありますね。思春期の男子の多くも、女性の胸のふくらみにドキドキした経験をもっているでしょう。ですが、実は江戸時代の春画（セックスを描いた、要するにポルノグラフィ）では、女性の乳房はとくに性的興奮を呼ぶパーツとして描かれていません。乳房は、大きさや形にかかわらず、そもそも「セクシーな部位」としては広く認知されていなかったようです。もちろん一部にそう認知していた人もいたでしょうが、世の中の大勢にとっては「別にそんなもの見ても興奮しない」という部位だったようです。日本で「乳房を見て性的に興奮する」のが社会の主流というか「普通」のことになったのは、意外と最近のことのようです。

性的な興奮には、たとえばペニスを触るといった物理的刺激を受けて起こる生理的な興奮のほかに、何かを見たり聞いたりして、そのイメージに性的興奮を感じるというものがあります。どんなイメージに対して興奮をおぼえるかは、各個人の持って生まれた趣味嗜好という側面ももちろんありますが、社会の中で「これは性的興奮を誘うものだ」と位置づけられている特定のシンボル（「記号」）に影響されている側面も、かなりあります。両者の判別は難しいこともあるにせよ、性的興奮には、いわば「社会的につくられた性欲」と言えるものもあるということには変わりありません。人は、「記号」に興奮を感じているところもあるわけです。

このことは、性教育や性表現をめぐる議論の前提として押さえておくべき事実です。つまり、何かについて「エロい」と感じるのは、実は「自然」「本能」とは限らず、「それに社会が『エロい』という性的意味を与えているから、そのメッセージを受け取って『エロく』感じる」という側面があるのです。

私が気になっているのは、「それを『エロい記号』にしちゃうの？」と不安に感じるものがときどき（しばしば？）あることです。また、内心で何を「エロい」と感じるかは個々人の自由の範疇《はんちゅう》ですが、それに基づくどんな行動が社会内で常識的に許されることになっているのかは、まさに「文化」の問題です。「文化」は不変のものではなく、時代が変わり、社会のあり方が変わるなかでアップデートされるものです。

では、私にとってどんな「文化」が気になっているのか、以下で具体的に書いていきましょう。

異性愛男性の性欲は特権的扱い

性欲は男性にも女性にもあります。でも、男性の性行動と女性の性行動は、社会から異なる扱いを受けることがしばしばあります。時代や地域によっても違いますが、いまの日本では、大きな傾向として、男性（の中でも異性愛男性）の性欲は比較的肯定される一方、女性の性欲はあまり公にするものではないという扱いを受けています。それをあえて意識することもないほど、当然のごとくそうなっているのです。

「いやいや、男性だってそんなにおおっぴらに性欲を表に出したりしないよ」と反論されるかもしれません。でも、それなら電車の中吊り広告やコンビニ、駅の売店に置いてある雑誌の表紙に、水着の若い女性のセクシーなグラビアやイラストが載っているのはなぜでしょう。性風俗店のほとんどが異性愛男性向けのサービスを提供しているのは当然のことでしょうか。

女性にも性欲はあるのに（また、男性のすべてが異性愛者ではないのに）、異性愛の男性に向けて性的興奮を誘うような写真やサービスばかりが公共空間にあふれているのは、決して「自然」なことではないですし、非対称的であることはれっきとした事実です。

もしも、男性異性愛者の性欲だけが特権的な地位を得ているのでないなら、駅の売店に、セクシーな男性の裸体が載った女性向けポルノ雑誌や、レズビアンやゲイの人向けの雑誌も並んでいるはずです。そうすべきだというわけではなく、実際にはそうではないことから、男性異性愛者の性欲の特権的扱いがわかりますよね、ということです。

日本社会では、異性愛男性の性欲、およびそれに基づくとされる行動は特権的扱いを受けているのです。日本社会に限りませんが、いまの社会がそういう「文化」だということです。

このように、性欲自体は生理現象のようなものであるとしても、そのあらわれとしての性的行動や、社会における扱われ方は、社会的につくられた文化にかなり影響されるものなのです。

では、いまの日本社会において主流にある、異性愛男性中心目線の性的文化にはどんな問題があるのでしょうか。

日常生活に入り込む性差別表現と性暴力表現

1990年代ごろまでは、子どもも見るようなゴールデンタイムのテレビのお笑い番組で、女性の裸の乳房が平気で映され、「お色気シーン」とされていました。さすがに2000年代以降はそのようなことはなくなっており、社会の感覚は良い方向にアップデートされてきてはいます。でも、いまの50代以上の世代が子どものころは、テレビで普通に女性の乳房が露出されていたわけですから、思えばけっこう最近のことです。

最近はそのような番組がまったくないかといえばそうでもなく、2018年の夏に放映された日本テレビの「24時間テレビ」では、女性のモデルや芸人さんが、上はTシャツ、下は水着のビキニパンツという格好で「お尻相撲」をし、その模様を見ながらスタジオの男性タレントらが「あのお尻の形がいい」などと品評する場面があったりもしました。

また、2019年1月には、フジテレビ系「志村けんのバカ殿様」で、故・志村けんさんが演じるバカ殿が、水着を着た4人の女性が横たわるのを敷布団としてその上に寝そべり、さらにその上に水着姿の4人の女性が掛け布団としてうつ伏せで乗るという「肉布団コント」がありました。ちょっと信じがたい時代錯誤ぶりで、暗澹たる気持ちになりました。

こういうことを指摘すると「お笑いなんだから」「ジョークがわからない」と批判されがちですが、笑いの形をとっているからこそ軽く受けとめられがちで、よけいに深刻なのだと思います。

また、企業や官公庁のCMやポスターなどの広告の描写は、くりかえし放映されたり公共空間に掲示されるので、人々の意識に与える影響は大きいものです。そのため、広告表現における女性と男性の描き方をめぐっては以前からたびたび論争が起きてきました。そうした論争を経て、社会の感覚は数十年単位で見れば比較的性差別的でない、より良い方向に変わってきていると私は感じています。

性差別的な描写の広告はなぜ炎上するのか

それでもまだ、近年にもたびたび広告の「炎上」騒動がありました（☆2）。このような「性差別をめぐって問題になる表現」は、大きくふたつに分けられます。

ひとつは、女性の身体を性的に強調するなど一方的に性的対象として描くもの。一例をあげれば、女性タレントによる性的な表現が批判を集めた宮城県の観光PR動画や、性的比喩を多用したサントリーのアルコール飲料CMなどがそれです。もうひとつは、男女の性別役割を固定的に描いたり、男女を異なる指標で評価し、とくに女性のみ容姿や若さを重視して描くといったジェンダー差別です。職場の同僚のあいだで、女性の容姿を取りざたしたり揶揄《やゆ》したりすることを容認するように描いていた、ルミネや資生堂のCMがそのパターンです。

前者に関してはとくに、女性の胸やお尻など性的なパーツを極端に強調したグラビアやイラストが、コンビニや電車、駅の売店など、誰もが出入りする公共空間にあふれていることを、ずっと懸念しています。もちろん、私的空間で私的にそのような表現物を楽しむことは問題ありませんが、子どもの目にも容易にふれるような公共空間にそのような表現物を置くことはまったく別問題です。

実際の人間が登場しない、イラストのみの広告でも、性差別的な表現は問題です。最近は、地方自治体など公的な機関の、いわゆる「萌《も》えイラスト」を用いたポスターなどの広告が、性差別的であると批判を受けることもたびたびありました。

「萌えイラスト」を使うこと自体が問題なわけではありません。萌えイラストを使った表現の一部に、広報内容と関係なく、女性の体を性的に強調してアイキャッチにする描き方や、男女の固定的な役割分業意識をそのままなぞったような描き方など、性差別的な表現があることが問題なのです。にもかかわらず、性差別が問題視されているということを理解しない一部のファンが「萌えイラストだから攻撃されている！」と誤解して、問題視する人たちを攻撃するような現象もしばしばあります。

子どもが性差別に親和的な価値観をもったり、性暴力について誤った理解をすることのないよう、公共空間での性の描かれ方について大人が責任をもって考えるのが成熟した社会だと思います。残念ながら、いまの日本はまだその成熟に向けて発展途上にある状況だと感じます。子育てをする際には、この現状認識を前提に考えなくてはいけないことがいろいろあります。

嫌がる表情を「エロい」と描くことの危うさ

私がとくに気になっているのは、女性を性的対象として描く表現物において、女性が明らかに嫌がっているように描かれたものが少なくないことです。AVにも「レイプもの」「痴漢もの」など、明白な性暴力を描くものがジャンルを形成しています。そこでは、レイプだったけれど、途中から女性が快感を得て興奮しはじめる――という描写もよくあります。

また、セックスの意味を理解できない子どもによる「性的関係への同意」は観念できませんから、子ども相手の性行為はすべて性暴力です。内心で子どもに性欲を抱くのは自由でも、それを外に出す行為は、仮に現実の被害者がいなくても、無制限に許されるものではありません。

性暴力をエロネタとして娯楽にする表現物をおよそ作ってはいけない、見てはいけない、というわけではありません。性的嗜好も内心にとどまる限り自由ですし、制作、流通、鑑賞のどの過程でも他者の人権を侵害せず、TPOをわきまえているなら批判対象にはならないと思います。

でも、そうした表現物を、性教育をろくに受けておらず、性的知識が不十分で、性暴力とはどういうものかもわかっていない子どもの目にはふれさせないという、社会全体での配慮は必要です。それが共有されているとは言いがたいのが現状だと感じています。

さすがに明白なアダルトコンテンツは、成人向けとしてゾーニングされている（未成年の目にふれないよう置く場所等に一定の配慮がされている）のが一般的です。でも、成人向けではなく、子どもも読者や視聴者として想定されるコンテンツでも、肌を多く露出した女性が泣きそうな顔をしていたり嫌がったりしているようなイラストや、顔は子どものように幼いのに胸やお尻が極端に大きく描かれたイラストはめずらしくありません。少年マンガ雑誌などでもそうした描き方が普通にみられることは、海外から見るとかなり異様なことなのではないかと思います。

「相手が性的接触を嫌がっていること」を性的に興奮する対象として描く表現、すなわち、性暴力に「エロい」という記号を与えることがなぜ問題なのか。それは、性暴力を軽視する価値観形成に影響しかねないからです。相手の嫌がる姿を「エロいもの」として享受し、肉体的にいたぶる行為をセックスにつきものと考えることは、女性の人格的尊厳に対する鈍感さがなければできないでしょう。そうしたコンテンツを消費するうちに、自分が興奮している対象の行為が「暴力」であるという認識が麻痺してしまうことはないかと懸念しています。

現実とフィクションの区別ができていればいい？

そうは言っても、もちろん、表現物に影響されて実際に性暴力加害にまでおよぶ人はごく少数でしょう。「性差別的な表現物や、性暴力を娯楽として描く表現物を見た人は即、性暴力や性犯罪を犯すに違いない」といった短絡的なことを言っているわけではありません。AVはAV、ゲームはゲームとして現実と区別し、あくまでフィクションとして消費するという人も当然いるでしょう。個人としての趣味嗜好を非難するつもりはありません。

ただ、そもそもフィクションとは区別される「現実」の性がどういうものかを学ぶ性教育の機会が、この社会で育つ若者たちに十分与えられているとは言えない社会状況のもとで、「現実とフィクションの区別をつければいい」という言説にどれだけ説得力があるでしょうか。そのフィクションを見ている視聴者は、実は「現実」を知らずに見ていたりします。「現実」を正しく知ってこそ「フィクション」をフィクションとして楽しむリテラシーを持てるはずですが、まともな性教育を受けていない状況で、どこまでそのリテラシーを持てるのでしょうか。

実際、村瀬幸浩さんの授業を受けた男子大学生の中には、レイプを「セックスのバリエーションのひとつくらいに思っていた」と感想を書いた人がいたそうです(☆3)。そこまでは思わなくても、性暴力の深刻さを理解しづらくなるといった影響は普通にあるだろうと思います。

私が実際に知っているある集団強姦事件で、加害者らは「強姦目的で拉致《らち》した女性の体を触ってもまったく反応がなく、性的興奮を示さないので拍子抜けしてしらけた」と供述していました。彼らは、強姦でも相手は性的に興奮するものだと思い込んでいたのです。彼らの思い込みが何の影響によって形成されたかを証明することは困難ですが、過去に接した性的な表現物にそうした描写があったことから学んだと想像するのは、決して強引な推測ではないと思います。犯罪ではないにしても、男性がセックスの際に「顔射」をしたり、精液を飲むことを相手に要求したりすることには、AVの影響があるでしょう。

また、社会には相当数、性暴力の被害者や、性暴力を恐れている人たちがいます。その人たちがその表現を見てどう思うかを考えれば、性暴力の描写を「エロネタ」として楽しむ行為は、時と場合を厳格にわきまえるべきことです。そのわきまえがあまりにない傍若無人なふるまいが、ことにTwitter上では目立って感じられ、気になっています。ここにも、性暴力を「エロネタ」として楽しむコンテンツを消費することによって感覚が麻痺している影響があるのではないかと思います。

性暴力を「エロい」と感じる人がいること自体は仕方ありません。でも「性暴力を『エロい』と感じること」をどこでどのように扱うかは社会の文化の問題です。少なくとも、性についての現実とフィクションを区別するリテラシーが不十分な子どもを読者や視聴者に想定するコンテンツであるなら、性暴力に「エロいという記号」をつけて描くのは大人として無責任です。コンテンツを制作する人たちや、それを売ってビジネスにする人たちは、自分たちが発するメッセージの意味と危険性を自覚し、消費者にも注意を喚起する発信をもっと積極的にすべきです。もし、いまの日本が、性教育が徹底され、性暴力がどれだけ被害者に深刻な影響をおよぼすかが常識となっている社会であれば、このような表現物もそこまで気にならないのかもしれません。でも、何度も書いているように、実際にはいまの日本社会では性教育があまりに貧弱で、社会で責任あるポジションにいる大人たちも、ほとんどきちんとした性教育を受けていません。

多くの大人たちが「セックスのことは、なんとなくテレビとか雑誌とかで知った」という、そのテレビや雑誌の情報がレイプカルチャーに染まっていたわけです。

そう考えると、子どもも見るようなイラストやマンガで、あるいはゾーニングされていない空間で、相手が嫌がっているようすを「エロい」「性的な興奮をかきたてるものだ」とするメッセージを無頓着に送り続けることには、やはり問題があると思うのです。とくに子ども向けコンテンツの制作者は、社会的責任として、この問題を考えるべきだと思います。

しずかちゃんの入浴シーンは「ほほえましい」か？

子ども向けコンテンツの中で気になることについて、もう少し書きます。子ども向けとされるアニメやマンガに、性差別的だったりホモフォビア（同性愛嫌悪）的な表現が比較的カジュアルに紛れ込んでいることに、親として危惧を感じています。

たとえば子ども向けのアニメなどでは、いわゆる「オネエ」ふうの喋り方をしてクネクネなよなよとした動きをするキャラクターや、男性登場人物が女装する行為などが、しばしば笑いをとる文脈で描かれています。子どもたちもおもしろがってそれを真似しますが、現実の性的少数者の方々に対する差別や偏見の助長になってはいないでしょうか。

2017年に、フジテレビの番組で「保《ほ》毛《も》尾《お》田《だ》保《ほ》毛《も》男《お》」という同性愛者を戯画化したキャラクターにタレントが扮したコントが放映されました。これは90年代に人気を博したコントの再演ということでしたが、許されない差別表現だと批判を集め、フジテレビはのちに謝罪しました。性的指向や性自認（SOGI）を笑ったり侮蔑したりする表現は、20、30年前のメディアでは日常的でしたが、現在では許されないことが常識として確立される時代となったと感じたできごとでした。

にもかかわらず、子ども向けアニメやマンガではいまだに「オネエ」キャラを笑いのネタとして使う場面がけっこうあると思います。息子たちが見ているアニメでそういうキャラが登場し、息子たちが笑っていると、私は笑わずに真顔で「ママは全然おもしろいと思わない。失礼な描き方だと思う」と伝えることにしています。

ほかにも、性的な要素のない子ども向けのコンテンツに、さりげなく挿入される性的描写が気になることはあります。

たとえば『ドラえもん』で、のび太君が、しずかちゃんの入浴シーンやスカートの中を偶然に見たり、見えそうになったりして「ラッキー」と喜ぶ場面があります。以前より頻度として減ったり、裸の体が直接映らなくなったりという変化はあるようですが、まったくなくなったわけでもないようです。こういうシーンが、ストーリー上の必然性もなく、単なる「ちょっと笑えるエピソード」として挿入されることが問題だと思っています。

現実には、たとえ相手の「うっかり」であっても、下着や入浴中の姿を見られてしまったというのは女性にとって相当不快な記憶で、深い心の傷になることもあるものです。そんな深刻なシチュエーションを「ギャグ」とか「ほほえましいエピソード」という位置づけで描くのは、性被害を軽視する感覚につながらないでしょうか。

こういう話をすると、まるで私が『ドラえもん』を見たために、女の子のお風呂を実際にのぞく男の子がたくさん生まれる」と主張しているかのように曲解して批判する人がいるのですが、そんなことを言っているわけではありません。ただ、こうした表現が性被害を軽視した描き方になっていることは事実で、そのことが受け手の価値観にある程度、影響をおよぼす可能性はあるだろうということです。

こうした「ちょっとエッチ」な場面の後、しずかちゃんは顔を真っ赤にし、のび太君をひっぱたいて「のび太さんのエッチ!」などと怒るけれど、それでおしまい。またすぐ一緒に遊んでいる場面が出てきたりします（大人になって結婚までするこことになっています）。「マンガだから」と言ってしまえばそれまでですが、やはり「スカートの中をのぞかれる／のぞかれかける」という、確実に相手にとって性被害にあたる行為を矮小化する表現だと感じます。「わざとじゃなかったからいいんだ」「男の子のやんちゃないたずらで、ほほえましい」と免責してしまっている部分がないでしょうか。そういう描き方になっているということを作り手は認識する必要があると思います。

時おり気になる描写があっても、その番組やマンガをおよそ子どもに見せないというのは現実的ではありません（友達の家で見たりもしますから）。そういうこともあって、私は、現状では、通常のテレビ番組や子ども向けとされるコンテンツであれば、基本的に制限はしていません。が、一緒に見て、気になるシーンがあればそれがなぜ気になるのかをかならず伝えています。それによって子どもに自分自身で考える力、リテラシーをつけさせるしかないと思っています。

息子が見ているテレビで気になるシーンがあったときは、私はその都度、たとえば「これを笑っていいことなんだと思わないでほしい。こういう場面を笑いの材料にしている大人が悪いんだけど、実際に起きたらその女の子は深く傷つくから、してはいけないことなの。笑いの種にしてはいけないの。これから大人になるあなたたちには、それをわかっておいてほしい」などと伝えています。

こういうことを言うと、「『ルパン三世』を見たからって強盗になどならないし、『名探偵コナン』を見たって殺人犯にはならない」などと言う人もいますが、強盗や殺人と性暴力には、社会での扱われ方に違いがあります。どういう行為が強盗や殺人にあたるかということは、常識的にほとんどの人が理解しています。ですから、ルパン三世で強盗シーンがかっこよく描かれるのをおもしろがっても、子どもが「実はあれはやってもいいことだ」と思い込むことは心配されないでしょう。他方で、4章で書いたように、実際の性暴力をエロネタ扱いしたり、被害者に「気持ちよかった?」と聞くなど、性暴力については「そもそもそれが性暴力である」という社会全体の認知がまだ発展途上で、大人でさえ認識が甘かったりします。こういう社会の状況を前提にすれば、「性暴力がどういうものか、子どもは正しい認識を持てているかわからない」ということを前提に、性暴力について誤解させるような表現物を子どもに見せることに、大人が慎重な配慮をすることが必要だと思います。

「性表現」が悪いのではなく「性暴力を娯楽にする表現」が問題

誤解されることもあるのですが、私は子どもが性的なことに関心をもつのは自然なことだと思っています。3章でも書いたように、小さいうちから包括的性教育をすることは、子どもの人権にかかわる重要な問題です。ですから、性的なコンテンツを何もかも子どもから遠ざけるべきだなどと言っているわけではありません。

問題視したいのは、制作者である大人が「どんなシーンを」「子どもも見る前提のコンテンツの中で」「ちょっとエッチなシーン」として描いているかです。言いかえれば、子ども向けコンテンツで、どんなことを「エロ記号」としているか、です。

少なくとも子ども向けコンテンツでは、性暴力を「エロ記号として」描かないでほしいのです。性暴力を描くなら、それは「性暴力として」描くべきです。

子どもの性への関心に応じて挿入する表現やエピソードには、さまざまな描き方がありうるでしょう。それなのに、数ある選択肢の中で「女の子が不本意に裸やスカートの中を見られてしまう」という状況を「ちょっとエッチで笑えるエピソード」と位置づけるのはふさわしいのか。他の設定やシチュエーションも考えられるにもかかわらず、「異性愛の男の子目線で、かつ、女の子にとっては不本意に性的な姿を見られてしまう」場面というのは、実はかなり限られた場面設定だと思います。それはいったい何のために必要なエピソードなのか、なぜ他の場面設定ではいけないのか、制作者は真剣に考えた結果なのでしょうか。

「お色気」を入れたいのであれば、女の子が恥ずかしがったり嫌がったりしておらず、主体的に性的接触に関心をもったり快楽を感じている場面や、主体的に裸になるような描写でもいいのでは？と素朴に思います。しずかちゃんが自分から性に関心をもつのではなぜダメなのでしょう。「それでは夢が壊れる」と言われるかもしれませんが、その「夢」は誰の、誰に対する、どんな夢なのでしょうか。

私も『ドラえもん』は子どものころから好きで、大長編シリーズも映画館で観ていました。

子ども向けアニメとして良質な作品だと思っていますし、息子たちにも見せています。けれど、そうやって全体としては好きな作品の中にも、子どもに見せることを躊躇《ちゅうちょ》してしまうような場面があっけらかんと挿入されていることに、この社会に根を張る女性蔑視の深さを突きつけられるようで、しんどさを覚えるのです。

メディアのあり方は変えることができる

1975年から96年にかけて活動していた「行動する女たちの会」という団体があります。国連が女性の地位向上をめざして国際婦人年(1975年)を定めたのがきっかけで、当初の名称は「国際婦人年をきっかけとして行動を起こす女たちの会」でした。

この団体は女性差別に関するさまざまなテーマについて問題提起し、メディア表現の中の性差別についても、具体的な行動により企業等に改善させる成果を挙げていました。

有名なのは、1975年、インスタントラーメンのCMで「私作る人、僕食べる人」というキャッチフレーズが使われたことに対し、「固定的性別役割分業を強固にしている」としてハウス食品に抗議したことです。このCMは「新商品に切り替える」として打ち切られました。

このような過去の例を思い出す事件が最近もありました。雑誌『週刊SPA!』が2018年

12月25日号で「ヤレる『ギャラ飲み』実況中継」という記事を6ページにわたって特集しました。この記事中に「ヤレる女子大学生RANKING」というコーナーがあり、大学別に「ヤレる」、つまり「セックスしやすい」女性が多いランキングを勝手に決めて、具体的な大学名を紹介していたのです。この記事がSNSで拡散されると、「女性軽視以外の何ものでもない」「見た目、洋服、通う大学で、性的合意なんて表されません」などと大きな批判が起き、ネット上の抗議署名に大勢の賛同が集まりました。

しかし、この件ではこの後の展開に目覚ましいものがありました。署名など抗議運動の中心的役割を果たした大学生の女性たちが『SPA!』編集部を訪れて抗議の趣旨を伝え、対話がおこなわれました。報道によるとその席上、編集部側は「売れる、売れる、ということにフォーカスし、感覚がマヒしていた。部内には女性もいたが、この記事には関わっておらず、疑問が出ることなく出版に至った」「私たちは女性が好きであるが、その女性をモノとして扱う視点があった。その点を反省したい」と話したそうです。さらに大学生側から「今後、性的同意に関する記事を企画してはどうか」と編集部側に提案するなどの建設的な対話もできたそうです。

性差別的な表現を指摘されても、あれこれと言い訳をして認めなかったり、「表現の自由の侵害だ！」などと逆ギレするような例が多いなか、メディア側がそれを率直に認め、さらにその後の改善につながる意見交換までできたというのは、声をあげることでメディアの性差別を変えていくことができるという、ひとつのモデルになる事例だと感じました。

このように、既存のメディア表現に問題があるとき、それに声をあげれば変わることもあるのです。「子どもがこういう性差別的な表現に接して育つのは良くない」と感じるものがあれば、大人が声をあげて、子どもが暮らす社会の環境から、少しでも性差別的な要素を減らすことができればと思っています。

☆1　清田隆之『『レイプもセックスだと思ってた』…まともに教えず、男を誤解させる自民党の政治的性教育」『WEZZY』２０１６年７月21日（https://wezz-y.com/archives/32936）。

☆2　近年、性差別的描写が批判されて炎上したＣＭの例
ルミネ（２０１５年３月）。男性上司が女性部下に対し、他の女性社員を「かわいいなあ」「お前とは需要が違う」と述べるなど、職場で女性に外見の華やかさを求めることを無頓着に肯定するものとして批判された。

サントリーのビール「頂」（２０１７年７月）。サラリーマンが出張先で出会った美女とお酒を飲むという設定だったが、女性が「肉汁いっぱい出ました～」「コック～ん！　しちゃった」などと性行為を露骨に連想させる描写で批判を受け、公開を取り消し。

ユニ・チャーム社のおむつ「ムーニー」（２０１６年12月）。出産直後の母親がひとりで赤ちゃんの世話をする姿をリアルに描くものだったが、本来問題視されるべきワンオペ育児を礼賛しているのではと批判を受けた。

☆3　☆1と同じ。

小島慶子さん（タレント・エッセイスト）に聞く
「母親として、息子・娘たちに何を伝えられますか？」

Kojima Keiko
1972年生まれ。大学卒業後，アナウンサーとしてTBSに入社。1999年，ギャラクシー賞DJパーソナリティ部門賞受賞。2010年に退社後はタレント，エッセイストとして活躍。著書に『解縛　母の苦しみ，女の苦しみ』（新潮社），『幸せな結婚』（新潮社），『ホライズン』（文藝春秋），対談集『さよなら！ハラスメント』（晶文社）ほか多数。

太田　小島さんは息子さんが2人いらして、現在はご家族でオーストラリアのパースにご在住なんですよね。

小島　はい。私はもっぱら日本に単身赴任ですが、家族の生活の拠点はオーストラリアで、私が「出稼ぎ」先の東京からときどき家族の元に戻るという生活スタイルです。

太田　近年、性教育に注目が集まっているようで、テレビの情報番組や女性誌でもたびたび特集が組まれています。その中で、男の子の性についてのトピックや、男性学の知見が紹介されたりすることも増えていると感じています。

そういう変化を見ると、もしかするとこれは、根深い性別役割分業意識の解消については、父親や夫の世代についてはあきらめて、次世代に期待しようということかもしれないな、と。日々の生活の中で根気強く働きかけることで、ある程度変わる夫もいるでしょうし、現にそういう話も聞くことはありますが、しかしあまりにコスパが悪い(笑)。そこにエネルギーを割くより、限られた時間とエネルギーを息子たちへの教育に振り向けて、彼らのパートナーになるであろう次世代の女の子たちの負担をできるだけ減らすほうがいいんじゃないか、ということじゃないかと。

小島　私も最近、完全にそんな心境です。

埋め込まれた性別役割意識のアンインストール

太田　私たちの親の世代では、「外で働くお父さんと専業主婦のお母さん」という性別役割分業が圧倒的多数だったので、そもそも息子を男性性から自由に育てようという発想自体がもちづらく、父親と同じく働いて稼げるように、というモデルが強かったんだろうと思います。

小島　そうですね。母親たちも多くがそこに疑問をもっていなかった。私は常々、ジェンダー問題を語る上で、「女性が一方的に被害者で男性は加害者」といった単純な二項対立で考えるのはよくないと思っています。家父長制に基づく性差別的な男らしさ・女らしさの規範というミーム（文化的遺伝子）があるとすれば、これまで女性自身も無意識に、その運び手になってしまう面があった。それは自覚すべきだと思うんです。

その最大のものが男子の育て方で、私たちの親世代の母たちも、息子たちに強烈に「良き稼ぎ手であれ。身のまわりの世話は女性にさせればいい」という男性役割を刷り込んできた。よかれと思って。彼女たちがそのようにしか生きられなかったことも事実だと思うので、非難もできないのですが。

太田　その通りですね。時代の限界というか、その世代の女性たちを非難するのは酷だとも思うけれど、結果としてはそれが息子や娘たちを強く呪縛してしまったわけですよね。同じ性別役割分業意識も、息子と娘への影響のあらわれ方はやはり違って、息子たちは素直に内面化して「男」に育つけれど、娘たちは「学業や職業での成功」と「女としての成功」というふたつの価値に引き裂かれていく。

小島　母たちの本音って、言ってしまえば「自分の娘には男に従属しない自立した生き方をしてほしい。でも自分の息子には、どこかの女がちゃんとお仕えしてくれないと困る」。

太田　そうそうそう!!　受けとめる娘側には、大変な引き裂かれを生じる願望なんですよね。それも抑圧された世代の女性たちの切なる願いではあったと思いますけど……。

小島　痛ましいけれど、私たちの世代はそれをアンインストールしていかないといけないですよね。

太田　たぶん世代ごとの課題と宿題があって、私たちの世代は、上の世代が囚われていた呪縛をアンインストールして、次世代を自由にしてあげることが宿題なんでしょうね。そのときに、男の子の育て方が大きなポイントになるだろうと思います。

小島　大きいですよね。

太田　そのためには、過去に先例が乏しいことをしなければいけないし、それもまっさらな地点からではなくて、上の世代や社会に強固に根付いているものを、いちいち「これはなし」と遮断しながらなので……。あちこちの方向に、同時並行で目配りしなきゃいけないからけっこう忙しい（笑）。

小島　そうですね。何をアンインストールするのかを明確に意識していなくてはできない。いま男性学が注目されているのも、これまで何も問題なく見えていたことが、ジェンダーの視点で見ると激しく歪んでいたとわかってきたからだと思います。その中では、男性から女性だけでなく、女性から男性に対しても、無意識に押しつけていたことがあると気づくべきフェイズに来ているんでしょうね。

太田　私もそう思います。体感的には、ここ1、2年でそんなふうに思う人が急激に増えて、波が来ているなと。

小島　「どっちが悪い」という糾弾合戦ではなくて、「あなたと私がこんなことになってしまったのは、何のせいなのか」という認識を共有していく必要があるんですよね。

太田　共通の敵としての性差別構造があって、それとたたかうために男性とも手を携えていきたいのに、なぜかこちらを敵認定して撃ってくる人もいる（笑）。でも、そういう人の誤解を解くには時間とエネルギーが要る割に、得られるものも多くないという気がしているので、防御は最低限程度にして、多少は撃たれながらも次世代の育成に注力するしかないなと思っています。

「無邪気な性差別」をスルーしない

太田　子育ての中で気になった発言や、それに対して小島さんが伝えたことはありますか。

小島　家庭内では常に性差別的な発言をしないよう注意していますが、保育園とか学校に行くようになれば当然、いろんな偏見に染まってきますよね。保育園の年中くらいで「ピンクは女の子の色でしょ」と言いだしたり。小学校に入ると今度は「オバサン」という言葉を悪口として使いはじめる。「ママはオバサンじゃないよね?」とか。なるほど、侮辱の言葉として「オバサン」を学習してしまったんだなとわかったので、「いまだ!」と思って(笑)。

太田　(笑)

小島　「オバサンというのは人の状態を指す言葉で、ママも30代後半の女性だからオバサンです。でもそれは状態だから良くも悪くもない。だけど君は〝オバサン〟を悪口だと思ったんだね。それはどうして?」「年齢を重ねることは悪いことではないのに、歳をとった女性は若い女性よりも劣る存在だと、君は言ったことになるんだよ」と。小学1年生にわかる言葉を選んで、じゅんじゅんと説きました。

太田　素晴らしい。

小島　中学生になると別のフェイズが来て、つまり女性の性をモノとして扱う価値観がインストールされはじめる。アートの授業で、写真やモノをコラージュして作品をつくる課題があったんです。長男が、友達とふざけてこんなの作ったんだよと見せたのが、女性の股間の部分に標的のマークを貼り付けたものでした。息子は、単なる友達どうしのおふざけとして話したんですが、「私はこれはすごく嫌だ。君たちが女性の体をモノ扱いしておもしろがっているのが不快だし、怖い。性器の位置に標的マークを貼り付けるって、どういうことかわかっているのか。暴力的で、女性の尊厳を傷つける表現だと思う」と、やはりじゅんじゅんと説明しました。

太田　そういうのは無邪気にやってるんですよね。

小島　そう。性差別的なバイアスって、無邪気で無意識なところにみごとに滑り込んでくるから油断ならない。

太田　そういう教育って、一般論として体系的にできるわけではないので、日常の中で飛び込んでくる発言やできごとをすかさず捉えて、その都度やるしかないですよね。常にアンテナを張っていると、気が抜けなくて疲れますが。

小島　疲れます(笑)。でも、しょうがない。

太田　やるしかないですよね。

偏見を指摘されて軌道修正できる勇気を

小島　もうひとつ、次男が小学校高学年のとき、ほんとにほほえましいレベルなんですけど、ガールフレンドができたんです。で、それを次男が話してくれたときに夫が「あーあの子か。学年でいちばんかわいいよな、お前さすがだな」ってクソ発言を。

太田 うわー(笑)。

小島 ごめん、どこから話せばいいかなー? って呆れましたね。女性を見た目で品評して、一級品をゲットしたとはでかした! って褒めたんですからね。〝有害な男らしさ〟の最たるものを、この大事な時期に刷り込みやがって! と、2人を前に怒りまくりました(笑)。でも、夫はいまひとつ腑《ふ》に落ちていない感じで。

太田 (笑)。うーん、でも、多くの男性には「え、何がまずかった?」という感じで、それが「普通」な気がしますね。

小島 知性の問題と別に、たぶん弱さと向きあう勇気の問題があるんだと思います。成長の過程で、差別や偏見を指摘されて早めに軌道修正する経験がないと、大人になってから指摘されたとき異常に傷ついたり、自己正当化のために逆上したりする。

太田 ありますね。全人格を否定されたかのような極端な反応をする。差別や偏見に基づく当該そのふるまいを変えればいいということだけなのに。

小島 そうなると学べないんですよね。人間誰しも、偏見にとらわれて無意識に誰かを傷つけることがあるんだと成人する前に気づけば、そこから気をつけようと学習もできるんですが。その経験がないまま成長して、いきなり自分の偏見を指摘されると、なんだかすごい攻撃を受けたかのように感じてしまう。

太田　ことに性にまつわる偏見の場合にそうですよね。なぜそんなにデリケートなのか……。でも小島さんは、そうしてパートナーとぶつかりながらも伝え続けていることは偉いなあと思います。

小島　夫も少しずつ変わってきましたが、あまりにも進捗が遅いので最近はもうあきらめて、息子たちへの連鎖を断つことに注力してます。ほんとうは、夫自身から伝えてほしかったんですよね。自分が身につけてきた偏見や、しでかしてしまった愚行を開示して、息子たちがそうならないよう彼自身の口から伝えてほしかった。

太田　その壁を越えるのはすごく難しいんでしょうね。

小島　だから、そういう弱い父親の姿から学びなさい、と息子たちには伝えるつもりです。

マスメディアの中にも変化の兆しが

太田　先ほどの息子さんのコラージュの話もそうですが、娯楽や冗談の装いで入ってくる性差別や性暴力的な価値観をどう排除していくのか。マンガやゲーム、テレビのお笑いやドラマの描写も、ひと昔前に比べればだいぶ変わったとはいえ、やはり根強く性差別的なものがありますよね。

小島　根深いですね。

太田　近年では、フジテレビで復活した「保毛尾田保毛男」が抗議を受けたり、性差別的な描写のCM

が炎上したりと、声をあげる人が増えてきた印象はありますが、バックラッシュもあるので楽観一辺倒はできないなと思います。

小島　芸能界、とくに芸人さんの世界はもともと非常にマッチョな世界だと思いますが、最近はバービーさんや渡辺直美さんの活動が評価されたりと、変化もあると思います。「ブスいじり」が嫌だと声をあげた女性の芸人さんもいましたよね。ルッキズムやセクシズムが当たり前とされていた世界にも、違う価値観の世代が生まれていることに希望を感じています。十数年前のテレビを思えば隔世の感がありますよ。芸人さんたちは、業界内のルールにも敏感だけど、世論や視聴者の感性にも敏感なんです。だから勘のいい人ほど軌道修正していくし、ずっと我慢してきたことも、いまなら言えるという判断ができる。自分の外見をネタにしてきた女性の芸人さんたちも、そういうテレビの作法そのものを指摘して、笑いにできるようになっています。

男尊女卑的なテレビ業界の常識に違和感をもつ人はずっといたはずですが、言うことで不利益を被ったり、場がしらけたりするのを恐れて同調してきた。それを長年重ねた結果、やめたいけどやめられないという依存症になっていると思います。

太田　ルッキズムやセクシズムが当然にお笑いの要素になるようなところがずっとあったのでしょうね。

小島　女性にも男性にも、違和感をもちながら耐えてきた人たちがいて、いまならやめられるんじゃないか、と勇気を出して声をあげている状況じゃないでしょうか。

太田　そういう人を全力で応援したいですよね。

「男らしさ」の呪いを男性自身が語ること

小島　女性はもともと社会の周縁部に置かれていますから、どう言葉にしたら伝わるかと考え抜いてきた分、メッセージが洗練されている。だから最初に女性から声があがるのですが、最近では男性側からも、セクハラやパワハラの蔓延を「おかしいんじゃないか」という声があがるようになってきました。今後の大事なテーマって、男性が自分の感じる不安や怒りや戸惑い――いちばん大事なのは「恐れ」だと思いますが――を、どう言葉にしていくかなんだと思います。

太田　感情の言語化ですね。

小島　弱さを見せた男性が「女々しい」と言われてしまう社会を変えるには、周囲がそういう評価をしないことも当然ですが、そう言われることが男性に与える影響を、一人称の、感情と実体験に基づく言葉で男性自身が語る必要がある。女らしさ・男らしさの呪いについて、女性側の語りは過去何十年と積み上がっているのに、男性側からは圧倒的に足りない。

太田　弱さや不安を開示することは「男らしさ」の規範に反するので、怖いのでしょうか。

小島　そこには女性側が強いている部分もあると思うんですね。弱音を吐く男性に対して「情けない」「キモい」といった評価を無自覚にしてしまっていないか。女性側からジェンダーバイアスを強化している部分が間違いなくあると思います。「女らしさ」の抑圧をなくしたいのであれば、男性が弱さを開示したときにも笑わない、叩かない、むしろ傾聴して承認していく。それが結果的に自分の生きやすさにもなると思うんですね。

私は本の中で「穏やかな母殺し」という言い方をしていますが、自分を庇護《ひご》しつつ抑圧する権力——母親や、会社もそうです——を、暴力的ではない形で克服し自由になることが男性には必要です。権力というと父権的なものが想像されますが、実は母親も絶大な権力をもっていて、その特徴は「これがあなたのため」という論法をとるところですね。「あなたのため」という衣をまとった言葉で刷り込まれてきた呪いから自由になるには、象徴的な「母殺し」が必要なんです。それを穏便な形でやらないと暴力的な形で発露して、最悪の場合はほんとうに人が死んでしまう。そうならないために、自己開示と他者との共感・連帯の方向で着地できるようにアシストが必要なんだと思います。

ここでも女性が先行していて、「毒母」のような抑圧的な母親の呪いを、語りながら分析して克服するという経験をすでに積んでいます。その経験で得られた知見を男性とシェアしていければ、お互いに平和な未来が開けるはずです。

敵を正しく見極め、正しく怒る技術

太田　たしかに女性には、弱さや不安を共有して連帯を深める生き方を身につけている人が比較的多いと感じます。これはたぶん、そういうトレーニングの機会が女性のほうが多いから無意識に鍛えられてきているのですよね。背景には、弱さや不安を自分自身で認め、他人に開示することへの心理的抵抗が男性より低いということがあるのでしょう。それは生まれつきそういう性別だというより、やはり、男性に比べると「強くあれ」という抑圧が圧倒的に少ないから、開示のハードルも低いのかなと。

　でも男性の場合、たとえば「自分は女性にモテない」とか「社会で成功できていない」といったつらさ、不安、劣等感を抱く人どうしが連帯するのは、女性とは違う難しさがありそうです。自分の「弱さ」や「不安」を自分自身が正面から認めることへの抵抗が強いのでしょうか。自分の弱さや不安を直視することではなく、なぜか女性への攻撃的な言説を無自覚に肯定したりしてしまう。そうならないためには、男性にとっての「弱さの開示のノウハウ」が必要なんでしょうね。

小島　それは「正しく怒る技術」でもあると思うんで

すね。正しく怒るとは、自分が誰に、何に対して怒っているかを筋道立てて考え、何がほんとうの敵かを見定めて言葉にすることです。それができないと敵でないものを攻撃してしまう。だから男性にも、あなたの敵は女性やフェミニストではなく、弱さを見せた男を負け組に追いやる社会構造や、家父長制的な価値観なんだと理解してほしいわけです。

実は、彼らも薄々そのことは察知している。でも、ちゃんと理解するのが怖いんでしょうね。なぜなら、特権的な勝ち組男性や、家父長制的な価値観で組み上がっている組織とたたかえば負けることが最初からわかっているから。だから自分よりも弱い女性に矛先を向ける。しかもそれは自覚的にではなく本能的に、反射的にしているんですね。

太田　手癖みたいなものですね。

小島　だから正しく怒る技術が必要なんです。息子たちにも、「怒りや憎しみを感じたとき、ほんとうの敵は誰なのか、ほんとうの原因がどこにあるかをじっくり考えてごらん」と伝えています。

太田　あとはやはり勇気でしょうか。自分より強いものに怒ることをためらわないという。

小島　ほんとうにそうですね。息子たちに常々伝えているのは、「勇気とは、自分の弱さについて考えるという、いちばんしたくないことをできる力のことだよ」と。勇気の中身は自分の弱さと向きあう力、考え続ける力、そして用心深さ。用心深さとは危機管理能力ですね。たとえば津波が来るかもと予想したら、防波堤を作ったり避難する高台を見つけたりしておくことで、「津波が来ても気合いで走って逃げられるぜ！」というのは強がりであって勇気じゃない。

弱さと向きあうとは、自分を責めることではなくて、自分の弱さがどこから来たのか、再発を防ぐにはどうすればいいかを考え続けること。考え続けることで体力がつく。

太田 考えるのをサボると、安易な女性依存や女性攻撃に走ってしまう。しかも、それを強化するコンテンツが無数にありますからね。

小島 そう。ますます依存するようになる。「女を攻撃している限り、自分の置かれた状況は決してよくならないし、誰も得しない」ということを学んでもらわないといけない。

男児を育てながらこういうことを常に考えていると、その文脈で世の中を見る習慣が標準装備されるわけです(笑)。そうすると、何の変哲もない日常の子育て風景や会話の中に、「いまだ!」というタイミングを発見できる。

太田 日常のすべての中に実はその機会があるんでしょうね。

小島 そうなんですよ。でも思考訓練を積まないと、その機会を発見できないんです。

素朴な感動と相手へのリスペクトを大切に

太田 オーストラリアの学校での性教育は日本と違いますか。

小島 オーストラリアも元来とてもマッチョな文化の国で、DVも多いのですが、それが問題だと自覚されてもいるので、政府も「〝男の子は腕白でもいい〟はDVのもと」という内容の啓発動画を作ったり、「ジェンダーステレオタイプの刷り込みをやめましょう」と、さまざまな機会に教えたりしています。

小学校を卒業するとき、男女それぞれに「これから君たちの体に起こる変化」という小冊子が配られて、思春期の変化や、相談先があることなどが伝えられます。中学では本格的な性教育が始まって、外部の講師が学校に来てコンドームの着け方とか、性感染症とは、女性の生理とは、といったことを具体的に教えてくれます。上の息子もそれを聞いて、家に帰るとさっそく「ママ、タンポンって知ってる?」と聞いてきたので、平然と「知ってるよ。私も使っていたよ」と。ここでひるんだら負けです(笑)。

太田　最初のリアクションが大事ですね。「ひるまない」のが大事。

小島　そうしたら、習ったことを得意気に語ってくれたので、「へーすごいね、詳しいね!」と絶賛しました。息子にとっては「人体すげー!」「タンポンすげー!」みたいな感じだったんでしょうね。

太田　「よくできてるな!」って素朴に感動したんでしょうね(笑)。

小島　そうそう。これさえあれば水泳もできるし、温泉も行けるなんてすごい発明だよね? って(笑)。未知のことに驚いて誰かに話したいという気持ちには、対象へのリスペクトが含まれていると思うんです。そういう教育を男子にしてくれる環境はいいなと思いますね。

そのおかげか、学校でも女子が「今日は生理でお腹痛いから体育休む」などと普通に言っていて、それで男子にからかわれたりすることはないみたいです。

太田　文字通り、生理的な現象ですもんね。

小島　生理現象でしかないのに、それを隠すべきもののようにふるまうことで、かえって「エロい」ものであるかのような印象を与えてしまう。自分の身体について語るのに、なぜか男性が女性に抱くファンタジーへの配慮をしなければいけない。そういう思い込みに自覚的になることですよね。

太田　漫画家の田房永子さんの『ママだって、人間』(河出書房新社)に「まんこの洗い方問題」という章があって、「みんなまんこに対してやけによそよそしかった」と的確に喝破されてますね。出産前の母親学級みたいな場で、赤ちゃんの沐浴の説明をするときも、男児の性器については明るく名称を口にして笑いながら話されるのに、女児の性器については、母親だけの場でもなんか躊躇があって、ごにょごにょっと隠しごとのように話す空気感を描かれていて、ほんとにそうだなあと思いました。

小島　女性器自体を恥ずかしいもの、タブーとする意識と同時に、表立って語ることで女性への攻撃を招きかねないから語れないのではないかと思う。私の母なんか典型的で、自分の生理についてもすごく恥じる雰囲気がありありと感じられました。

太田　それも社会の視線の内面化ですよね。自分の体にある女性器や生理現象に、社会から勝手になんとなく卑猥《ひわい》なイメージを付加されてるのを自分でも内面化してしまっている。

小島　そう。娘の初潮にあたって言ったことが「これで明日から悪いことはできないわね」ですから。祝福のかけらもない。それによって自分の体に対する視線が決められてしまうんだから、すごく罪深いですよね。同じように、男の子が自分のおちんちんに関心をもったときに親がどういう態度をとるかが、その子の性器に対する態度を決めるとも言えるわけですから、そこできちんと自分や相手の性器にリスペクトを示す態度を教えなくてはならない。息子が2歳くらいから、その心構えをしておくつもりでいました。

太田　わかります。頬を赤らめたり笑ったりしないで、夕飯のおかずを話すのと同じ態度で平然と。そこは頑張ろうと思って。

小島　平然と語ると同時に、真剣にですね。すごく大事なことだよ、という態度で応じること。とくに一緒にお風呂に入る時期に、母親がそうすることは非常に効果的な性教育だと思います。

感情の言語化のできなさと母性の支配

太田　男の子に対して父親が性教育をしてくれない、という不満を聞くことがあります。

小島　私もそこは期待したんですけど、無理でした。教育って、言葉だけでなく非言語の態度や姿で示すものも大事ですよね。男親は男の子にとって身近なモデルなので、夫にそれをしてほしいと伝え続けてきたけれど、いまだにできていない。

キャッチボールをするとか、男らしいふるまいを教えるといったことは一般的な父親の役割として言われますけど、自分の弱さとの向きあい方、苦しいときや失敗したとき、孤独や欲望に負けそうなときどうするかということを、同性として教えてほしかった。自分の不完全さを見せながら、考え続ける姿勢を見せてあげてほしいんです。でも、いつそういう教育をしてくれるのかと夫に聞いたら「いや、自信をもって語れるくらい、自分が自分を理解してからでないと」。それじゃ遅いんだって！

太田　（笑）。でも、お父さんたち自身、自分の父親から教えられた経験がないから、どう語っていいかわからないのかもしれませんね。

たぶん多くの男性は、寂しさとか不安を感じても、言語化せず無意識に抑圧してしまっているのでは。男性学の研究者の田中俊之さんが小島さんとの共著（☆1）で、他人との関係性の中で「そもそもの立場の上下があると、相手の話を聞かなくても済んでしまう」と指摘していますね。権力的に上位にある側は意思を言葉にする必要がない。語らなくても相手が察して行動してくれるからです。

小島　まさにそれ。忖度《そんたく》ですよね。

太田　そうすると、相手の言葉を真剣に聞いたり、言葉で伝えたりする必要がなくなる。私が仕事で扱う離婚事案でも、依頼者である妻が「夫とは話し合いにならない」「何を言っても伝わらない、聞いてもらえない」と言うことがよくあります。夫の意識の中では、妻がそもそも「話し合うべき相手」ではないということで、対等な立場として尊重する意識の欠如なんだろうと感じます。

小島　私の夫は長男なんですけど、母親と祖母にすごくかわいがられて育ったんですね。そうすると、あらゆることを周囲が先回りしてやってくれる環境なんです。彼との会話のパターンで印象的なことがあって、たとえば「コーヒーがいい、お茶がいい？」と聞いてくれたので「ありがとう、じゃあコーヒー」って答えると、「わかった。……お茶じゃなくていいの？」。いまコーヒーって言ったじゃん！

って（笑）。

太田　コミュニケーションが成立してない（笑）。

小島　あるいは「ありがとう、いまは要らない」って答えても「あ、そう。……淹《い》れなくていいの？」どうしてだろうと思っていたんですが、これっておそらく彼自身が母や祖母からされてきたことなんですね。一見、本人に選択させているようで実は誘導されている。しかも表向き親切のように装って。彼はずっとそれに慣らされてきたから、他人とのあいだでもそのコミュニケーションの型が抜けないんだろうと思います。

自分の感情が語れない原因もたぶん同じで、自分の中で言語化する前に、周囲が「あなた、悲しいのね」と先回りしてしまう。彼自身が感じていたのは別の感情だったかもしれないのに。嫉妬とか意地悪な気持ちといったネガティブな感情があっても、「あなた、いい子だから何も思ってないわよね？」と言われると「うん、僕いい子だから何も思ってない」と、なかったことにしてしまう。自分の負の感情を認識できないから、人から「どう思っているの？」と聞かれても答えられないわけです。

太田　言語化の機会を奪ってしまうんですね。

小島　それはとても暴力的なことだと思うんです。母性という砂糖衣を着せた、強力な支配ですよね。思考する機会を奪うのが、もっとも効率的な支配ですから。

母親が自分の欲望を隠さず語ること

太田　何かとぶつかる機会を奪ってしまうことが本人の成長を妨げる。私自身も、息子に対してそうやって先回りしてしまいそうになるのを「ここは我慢我慢」と踏みとどまることはよくあります。うまくできているのかはいつも不安なんですが。

小島　私もそういう部分はあるんですが、だんだん子どもが成長して、見透かされることも増えてきました。前に家族でタスマニアのクレイドルマウンテンという観光地に行ったとき、最初に湖に行くか、それともウォンバットのいる野原に行くかという話になって、「ママはどうしたい？」と聞かれたから「どっちでもいいよ、君たちが湖に行きたければ湖で」と答えました。でも後から考えると、正直ウォンバットは見たかった（笑）。

太田　（笑）

小島　結局、天気の都合で先にウォンバットの野原になったんですが、帰りのバスの中で次男が「ママ、ああ言ってたけどほんとはウォンバットがよかったんでしょ。それを言わないで、僕たちに決めさせるのは卑怯《ひきょう》だよ」って。

太田　おおー！

小島　成長したな！と思って。そのとき思ったのは、もし今後、たとえば夫と離婚しようとなったときも息子に正直に伝えて大丈夫だなって。「子どものためを思って」なんて建前を言う必要はないな、と。

太田　仮にそう言っても、きっと見抜かれる。

小島　そう。言葉で語った以上のことを、親の姿を見ながら学習するんだなって思いました。

太田さんは、息子さんの前で自分の欲望を表現することはありますか。子どもと自分の希望が食い違ったときに「ママはこっちがいい」とか。

太田　私はもともと、他者との衝突回避を第一にして自分の欲望を抑圧してしまう癖というか傾向があって……こういうのは、個人的関係性の中では「男性をスポイルする」と言われたことがあるくらいなんですが。そういう自省もありまして、息子をスポイルしないように、「ママはこっちがいい」って意識的に言おうと思っています。

小島　そうか！　いま私、すごく学習した。男の子を育てる上で大事なのは、母親が自分の欲望を口にす

ること。それはイコール支配ではなくて。支配というのは、自分の欲望がまるで存在しないかのように、口にせずして相手をコントロールすることですよね。それに対して、母親が欲望を口にするというのは、「君は羊羹《ようかん》が食べたいんだね、でもママはケーキが食べたい。どうする？」。この「どうする？」を子どもに投げかけて、話し合いの場を提供すること。自分の欲望を正直に語る女性を身近に見ることが、最良の学習になるはずです。私、それを今年のテーマにしよう(笑)。

太田　(笑)

小島　メディア上でも、女性が男性に同調せずに自分の意見を言っただけで「ヒステリック」だの「噛みついた」だのと形容されるのは、たんに意見を言う女性を見慣れていないからなんですよね。逆に言えば、周囲の女性が率先してそういう姿を見せれば慣れていくはず。

太田　たぶん、私たちの息子は日々鍛えられてますよね(笑)。

男子のためのネットリテラシー教育

太田　息子さんもそろそろネットを使いはじめる年齢ですよね。小島さんのTwitterに対するクソリプ(☆2)とか、ネット上の中傷のことはもう知っていますか？

小島　スマホにふれるようになった段階で、ネット上には私に関するネガティブな情報があふれているということは伝えました。「それを目にして君はショックを受けたり、友達から嫌なことを言われたりするかもしれない。でもそれはママの仕事柄、ある程度は仕方ないことだから真に受ける必要はないよ。もし、書いてあることが事実なのかもと心配なら遠慮なく私に聞いてください」と伝えました。

太田　さすがですね。

小島　同時に、「だから、ほかの誰かに対してもネットでひどい噂を見たら、同じように疑ってかかるように」と。

太田　素晴らしい。

小島　それから、「私に対するひどい書き込みを見たら、それを書いた人はなぜ会ったこともない芸能人にそんなことをするのか、その動機を考えてみるのもいいよ」と。

私は昔、グラビア写真集を出しているので、その写真も出てくるだろうし、それを悪く言う書き込みもあるかもしれない。でも私が写真集を出したのは、女性の肉体が男性の欲望のために存在するかのような見方に異議を唱えたかったからだよ、と。女の人が水着になることとイコール性的な誘いと解釈するのは間違いで、誰でも泳ぐときは水着を着るし、そのときビキニかワンピースかも自分で決めていい。たとえ市場の評価で「イケてる」体でなくても。

太田　自己決定ですよね。

小島　オーストラリアでは、おばあちゃんも普通にビキニを着ますしね（笑）。そうやって私が着たいものを着て、私が望むように撮ってもらったものを世に出すことで、ルッキズムとエイジズムと女性のモノ化が当たり前の社会に異議申し立てをする表現行為だったんだ、ということを説明しました。

太田　すごくいい教育ですね。うちの子もいずれスマホを持つだろうし、いろんな情報を目にするだろうから、そうやってきちんと説明しておくことは必要だなと思います。

風俗に行くよりはトイレで泣く男になってほしい

太田　わが子への希望のひとつに、いわゆる性風俗に行くような男にはなってほしくないと、小島さんもどこかで書かれていたと思います。私もそうで、いま現にセックスワーカーをしている方の安全や権利を保障すべきというのはその通りでしょうが、しかしこれと両立する意見として、性風俗サービスを利用することの意味を、やはり息子には考えてほしい。そして利用してほしくない。お金で女性の身体を自由にできるという発想からして、女性の尊厳を尊重しているとは思えないので。

小島　そうですね。「浮気と風俗は別」などと言う人もいますが、問題は浮気かどうかではなくて。現実として人身売買や女性に対する搾取がおこなわれており、女性が安全に働く権利を保障されていないような劣悪な労働環境がめずらしくない性風俗産業にお金を落とすことは、女性を性的に搾取する構造に加担することになるからです。仮に、女性が自由意思で働いていたとしても。

太田　上司や同僚と一緒にそういうところへ行って、男どうしの秘密の共有のようにして絆を深めあうといった文化がまだ残る企業もあるみたいですね。

小島　ありますね。組織の通過儀礼のように。霞ヶ関の官庁ですらあると聞きます。私の知人はそこでたそうです。

「嫌です」と断ったそうですが、それで後あと嫌がらせを受けて、ひとりトイレで泣いたこともあっ

太田　ひどいですね……。男性に対するセクハラでありパワハラですよね。でも、そこで断る男性もいることは希望です。息子にも、そういう場面での同調圧力に負けずに断れる男に育ってほしいです。

小島　そうですね。トイレで泣くのはつらいだろう、でもそんな君でよかった、と言ってあげたい。

太田　そっちのほうがよほどまっとうで、これからの時代のモデルとなるべき男性像ですよね。でも、これだけカジュアルに風俗の広告があふれていると、ふとしたきっかけで行ってしまうのかもしれない。

小島　テレビのバラエティでも普通にそういうトークをしますしね。異常な光景だと思います。知り合いの男性に「風俗に行くとき何を考えてるの?」とリサーチしたことがありますが、ほとんどが「聞かれるまで考えたこともなかった」と答えました。風俗に行くとき頭にあるのは、どのくらいかわいい女の子に当たるか。かわいければ「ラッキー」、期待外れなら「チッ、1万8000円損した」とか。相手を人間として考えたこともなかったと。

太田　まさに商品に対するまなざしですよね。

小島　画面の中でなく、実際に肉体を触れあって性行為をする相手をモノ扱いする感覚は、私には受け入れられない。「風俗に行っても家族を大切にするならいいじゃないか」というのにも同意しない。「モノ扱いしていい女性」と「尊重すべき女性」を線引きするのは、人間に対するまなざしとして間違っているでしょう。一緒に暮らす家族としては絶対に許容できないです。

ポルノコンテンツと向きあう心得

太田 そうやって女性をモノ化する視線を息子にもってほしくないので、ことあるごとに伝えていこうとは思うんですが、周囲の影響はどうしても受けてしまいますよね。男の子がそういう目線をもってしまう入り口のひとつとして、やはりマンガなどの表象があると思うんですが、そういうツイートをするとものすごく炎上させられてしまうんですけれど。

小島 普通のマンガの中にも、お決まりのギャグとして性差別的な描写が出てきて、しかもそれがほほえましいものとか、場を和ませるものという評価をされていますよね。

太田 私はそういうのが気になるので、息子にもいちいち言うようにしています。気になる描写があるアニメやマンガでも、見せないのは非現実的なので、ならばいっそ一緒に見て、どうして母がこの描写に違和感を覚えるかを逐次解説していこうと(笑)。けっこうたくさんあるので疲れますけど。ポルノも、いっさい見るなとは思いませんが、レイプや痴漢などの性暴力を肯定的に描写するものは、リテラシーを身につける前には見てほしくないです。性表現はいい、でも性暴力の描写を楽しむ感覚はもたないでほしい。

小島 息子たちにネットの使い方を教えるときに、性的コンテンツについても教えました。ひとつは、そこで描かれているセックスは基本的にファンタジーだということ。もうひとつは、その映像がどういう経緯で撮られているのかを考えてみてほしいということ。レイプを装った演技もあるけれど、ほんとうに騙されたり行為を強要されたりしている女性もいるんだよ。自殺に追い込まれることもある。そういうものを消費したり拡散したりすることには絶対に加担してほしくない、と伝えました。

日本のAV業界でも近年問題になったように、女性が脅されたり騙されたりして強制出演させられたものまで流通している現実がある。親からの虐待や貧困につけこまれた人もいる。そういうものを消費することで搾取や暴力に加担してしまうんだよ、と。

友達の家に遊びに行ったりするときも、くりかえし言っています。最近は、彼女の裸をスマホで撮って気軽に友達に見せるといったこともありますから。

太田　それが暴力だと理解できる感性をもってほしいですね。空気を読まない、一匹狼みたいなタイプの子はさらっと問題を指摘したり違和感を表明したりもできるかもしれませんが、うちの子も含め多くの「普通の子」は、その場の空気を壊すのを恐れて、なかなかとっさにはできないかもしれないですね。

小島　空気を壊すのは誰でも怖いですよね。とくに少年たちのコミュニティでは、そういう圧力が高いこともあるでしょう。でも、たとえその場では声を出せなくても、「ああ、これが母さんの言っていたあれか」とわかって用心するのと、まったく無自覚なままその場に流されるのとでは違います。

太田　引っかかることができるために、事前に理解しておくことには意味がありますよね。それは親ができることですね。

男性は自分たちの性欲を搾取されている

小島　男性の性欲はコントロールできないという神話がありますが、息子たちには、そういう言説が世の中にあふれていることを伝えた上で、「私にはペニスがないから実体験ではわからないけれど、男の性欲が制御できないというのは嘘だ」と伝えました。

太田　都合よく利用されてきた神話ですよね。

小島　世の中には人間の欲望を商品化してお金に換える人たちがいて、性欲はとくにその対象になりやすい。「あなたの欲望はコントロールできないものなのです、お金を払えば満たしてあげますよ」と甘く囁《ささや》く。そういう搾取の対象にされないよう自衛しなさい、と息子たちには伝えています。

太田　男性にとっても尊厳の問題のはずなんですよね。性的な欲求も、本来は人間としての大切な部分だと思いますが……。

小島　供出させられていますよね。思い込まされ、煽られて。女性は主として消費される側ですが、男性は消費する側として商品化されていると思います。

太田　「これに興奮しろよ」とわかりやすくコンテンツを示されて、まんまとお金を吸い上げられる。

私が非常に問題だと思っているのは、セーラー服のように未成年という体裁の女性を相手にする性的関係や、レイプや痴漢といった性暴力的な描写を「エロい」と思わせるようなコンテンツがめずらしくないことです。性教育をろくに受けていない状態の男の子がそういうのを目にしているうちに、性暴力を「エロの一種」みたいに感じる回路ができてしまわないか不安です。

小島　ベースに女性嫌悪があるんですよね。男の子への性教育って、加害者にならないことも重要なんだけど、ミソジニストが商品化した男の欲望を、自分の手に取り戻して解釈し直すという意味もあると思うんですよね。

やっぱり次世代に期待するしかない

太田　いろいろお話ししてきましたが、結論はやっぱり、次世代をよくするために頑張ろう、ということでしょうかね。

小島　そうですね。先日、昭和女子大で「『女子アナ』は女性の成功か？」という講演をしたら、ある有名男子校の男子中学生が3人もそこに来ていました。先生に連れられてではなく、自分で個々に応募してきたのだそうです。女子大の先生たちもみんな感激して、いちばんリーチしたくてもできなかった層が来てくれた！って。

太田　それはすごいですね。

小島　講演の情報を生徒さんに案内してくれたのはその男子校の男性の先生だったんですが、それをきっかけに昭和女子大と一緒になにか企画しようという話にもなったようです。女子大と男子校がジェンダー問題でコラボって画期的ですよね。旧世代を変えることに労力を割くよりも、そうやって次世代を伸ばしたほうが早い。

太田 子どもの成長は早いですもんね。子育てって、去年ちょうど良かったことが今年はもう合わないなんてことがしょっちゅう。だから2年、3年ゆっくり考えてなんて言ってられない。緊急なんです。

小島 そうそう。

太田 広河隆一氏にせよ山口敬之氏にせよ、ああいうことをしてしまうようになった理由も気にはなるけど、しかしすでに凝り固まってしまった人は正直もう退場を待つしかない。むしろ、彼らのようにハラスメントが何かわからずやってしまうという人は、およそ重要なポジションにはつけない社会になるよう、これからの世の中の基準のほうを変えていきたいですね。

小島 ほんとうにそう思います。

☆1　田中俊之・小島慶子『不自由な男たち——その生きづらさは、どこから来るのか』祥伝社、2016年。
☆2　Twitter上で寄せられる、一方的な罵倒や嘲笑、人格否定のような暴言などのコメント（リプライ）を指す。

第6章 これからの男の子たちへ

最後の章では、これまで私が書いてきたことや、対談で皆さんにうかがってきたことを踏まえて、私の息子たちや、世の中の男の子たちに伝えたいことをまとめてみます。

伝えたいことは、大きく分けるとふたつです。

ひとつめは、「男らしさ」の呪いから自由に生きてほしいということ。

ふたつめは、「男性であることの特権」に自覚的になって、性差別や性暴力を許さない、と、男性だからこそ声をあげてほしいということです。

自分の弱さを否定しなくていい

第一に、自分の中の弱さを認めてほしいということです、弱さは誰にもあって、恥ずかしいことではないんだということを知ってほしいと思います。

心の痛み、悔しさ、悲しさなどの「弱い」感情を「男らしくない」と切り捨てて直視しないままでいると、自分の感情に対する「解像度」も低いままになってしまいます。自分自身の感情の解像度が低い人に、他人の感情を想像できるはずがありません。小島慶子さんも対談で、「勇気とは、自分の弱さについて考えるという、いちばんしたくないことをできる力のこと」だと息子さんに伝えているとおっしゃっていました。自分の弱さは弱さのまま認め、自分の感情の揺れに敏感であってほしい。同時に、他者の痛みや弱さを想像できる人になってほしい。

この社会では、善意や励ましの意味で、「細かいことにくよくよするな、男なんだから」といった言葉をよく聞きます。くよくよしないほうがいいこともあるでしょう。でも、落ち込んだり沈んだりしてしまうとき、くよくよしてしまう自分の内面を見つめ、感情の動きを自覚的に認識することは、弱点や欠点を克服するのにも必要なプロセスのはずです。「男なんだから」「男らしくしろ」というひと言で、揺れ動く感情自体を「見ないことにする」というのは、実は弱さの克服にもマイナスなのではないでしょうか。

アニメ『鬼滅の刃』を、私も息子たちも楽しんで見ていますが、主人公の炭治郎が「俺は長男なんだから」と自分を奮い立たせたり、「男に生まれたなら、苦しみに耐えろ」といったセリフが端々に出てくるのは気になります。困難を克服する努力は素晴らしいことだけど、違う言葉で奮い立たせることはできないものでしょうか。「妹のために頑張るんだ」とか「年長者の自分が頑張らなきゃ」という気持ちはもちろんいいのですが、そのままそう言えばいいのに。別に「男だから」じゃなくてもいいのにな、と思って、つい息子にも言ってしまいます。

カミソリメーカーのジレットが作った啓発動画は、まさにこのテーマについて扱ったものです。集団で弱い者いじめをしている男の子たち、笑いながら女性にセクハラしている成人男性、暴力的なけんかをする男の子などのシーンが流れ、それについて「男は仕方ないよ（Boys will be boys）」と笑い飛ばし、受け流す男性たちの姿が流れます。その後「これが、男ができるベストのことか？」と自問し、変わりはじめる男性たちの姿が描かれます。旧来の「男らしさ」をやめよう、すでに何かが変わりはじめている、次世代のために正しいことをしよう、と男性たちに訴えるものです。興味深いので、ぜひYouTubeで見てみてください（☆1）。

自分の弱さを認めると同時に、助けが必要なときには誰かに助けを求めていいんだということも知っておいてほしいと思います。脳性麻痺の障害をもつ小児科医の熊谷晋一郎さんは、「自立とは、依存先を増やすこと」とおっしゃっています。何かに頼ること、依存することは、むしろ自立した大人として必要なことです。

恋人や友達ができないとか、周囲から孤立してしまうとか、自分の加害経験あるいは被害経験に悩むといった、つらい思いがあるとき、同じような気持ちを抱えた他の人とつながることは、自分なりにつらさと折り合いをつけるきっかけになると思います。

男性の語りあう場「Re-Design For Men」代表で「ぼくらの非モテ研究会」を主宰する西井開さんは「お互いを評価し合わない者同士で対話することが重要」と指摘しています（☆2）。

この本で対談の機会をいただいた清田隆之さん、星野俊樹さん、小島慶子さんのどの方とのお話の中でも、「フラットな関係性でのコミュニケーション」「気持ちを言葉にすること」がキーワードでした。男の子の呪いを解くヒントはすでに見えていると思っています。

性暴力に関することを、笑いごとにしないでほしい

ふたつめは、性暴力に関することを、笑いや冗談にかこつけて軽く扱わないでほしいということ。「カンチョー」やスカートめくりも、する側が遊びとか軽い悪ふざけのつもりでも、相手をとても傷つけることがあるという認識をもってほしいと思います。

セクハラや性暴力は、実は私たちの日常の中に無造作に転がっているものです。悪気のない冗談や猥談《わいだん》の形であったり、メディア上でギャグとして描かれる「お色気シーン」であったり。そうしたことを笑いや娯楽として消費することが、深刻な被害に遭った人をさらに傷つけるかもしれない。笑いにすることで、性暴力に対する自分の感覚が麻痺していくかもしれない。誰かが笑っていても、同調しない勇気をもってほしいと思います。

また、男性が女性的なふるまいをしたり、女性のように装うことについて、「オネエ」や「オカマ」と言って笑いの材料にするのは、同性愛者やトランスジェンダーなど性的少数者の

人に対する失礼で差別的な行動です。当事者との親密な人間関係がすでにあって、お互いに了解の上でわざと冗談として言うような場合でもない限り、慎むべき言葉です。

「冗談だから」というのは、暴力や嫌がらせを正当化する理由にはならないのです。むしろ、「冗談にしてはいけないことを冗談にすること自体が問題」なのだと気づいてほしいのです。

ホモソーシャルな同調圧力に抗える男性になってほしい

男子どうしの集団で、アダルトコンテンツを一緒に見るとか、クラスの女子の体つきを品定めするとか、そういうことはしばしばあるでしょう。ホモソーシャルな絆のあり方として2章で説明しました。そういう場で、周囲の空気に合わせて同調してしまうことは誰にもあるでしょう。でも、もしその集団が一線を越えて女性に危害を加えたり、許されない行為に及びかねないときには、NOと意思表示する勇気、集団から退出する勇気をもってください。

具体的にイメージしてみましょう。修学旅行や合宿で、友達が女子のお風呂をのぞこうと、楽しそうに盛り上がっていたらどうしますか。女性を盗撮した動画や写真を男子どうしでまわし見して盛り上がっていたり、盗撮写真を嬉々として交換していたらどうしますか。

自分だけ断るのは勇気がいることでしょう。でも、空気に流されて参加することで自分も加害者になってしまったら、後から後悔しても遅いのです。そこで「やめようよ」とひと言言えたら、他のみんなもホッとするかもしれません。そのひと言を最初に言える勇気をもちましょう。そういう勇気はきっと、大人になって理不尽なパワーハラスメントに苦しんだりしたとき、そこから脱出する助けになるはずです。もしかしたら同調しないことで、いじめられたり、仲間外れにされたり、空気が読めない変なやつだと笑われるかもしれません。でも、そのことであなたは、別の大事なものを失わずに済んだとも言えると思います。

それに、「男子」の集団だからといって、そこにいる男の子がみんな女性を好きとも限りませんし、好きであっても、そういうことを誰かと話すのが苦手な人もいるかもしれません。もしかしたら、笑っている友達の中に同性愛者の人がいて、内心では疎外感に苦しんでいるかもしれない。そんな想像力も持てたらなおいいと思います。

性的サービスをお金で買うことの意味を自分なりに考えてほしい

大人になると、友達や同僚から性風俗店に誘われたりするかもしれません。あるいは、あなた自身がそういう場所に関心をもつかもしれません。その動機は単純な性欲かもしれないし、寂しさや孤独感を紛らせたいというような気持ちかもしれません。

そういう気持ち自体を否定するつもりはまったくありません。でも、やはり性的な欲求をお金で満たすことの意味については考えてみてほしいのです。たんに性欲を処理するだけなら自慰行為でもできるものを、あえてお金で生身の女性から性的サービスを買って満たすというのは、どういうことなのか。

お金で買うということは、当たり前ですが、相手の女性はあなたのことを好きで性的関係をもつわけではありません。もし相手が望んでいるように見えても、それは職業的な演技です。性的サービスをお金で買うことの是非についての考えの説明は、ひと言では難しいです。性差別構造が強く、男女の賃金格差も大きい現状では、「他の仕事より給料が高い」というのは女性にとって大きなメリットです。では、給料が高いからと割り切って性風俗店で働いている女性は「自由意思で選択していて、誰かに脅されて働いているわけでもないから、お金を払ってその人から性的サービスを受けることに何も問題ない」と、ほんとうに言えるでしょうか。

日本社会では、専業主婦から離婚してシングルマザーになったというような場合、正社員として十分な賃金を得るのは大変なことです。また、大学の学費が高いので、勉強時間を確保しながら学費を賄《まかな》うために（あるいは、進学や資格取得のために）時給が高いアルバイトをしたいという学生もいるでしょう。

たとえばそういう理由で性風俗店で働くことを選んだ女性がいる場合、その選択はほんとうに「自由意思」と言えるのでしょうか。持っている選択肢自体があらかじめとても少なくて、その少ない選択肢から選ばざるをえないという状況での選択を、どこまで「自由意思」と言えるのか。そして女性の「自由意思」を理由に、お金をもらわなければ決して望まないような性的接触をしていいということになるのか。「自由意思で働いているのだから問題ない」と単純には言えない問題がそこにはあります。お金の力を使って、ほんとうはしたくない性的関係をさせている、ということになると、それは性暴力と似た行為にはならないでしょうか。

もちろん、どんな仕事も、ある程度「生活のために仕方なく」やっている面があり、性風俗の仕事だけがそういうわけではない、とも言えるでしょう。でも、たとえば整体師にお金を払って肩を揉んでもらうのと、性風俗店のスタッフにお金を払って性的サービスをしてもらうのは同じでしょうか。私にはどうしても同じとは思えないのです。人の尊厳にかかわるものをお金の対価にすることの意味が、本質的に問われなければいけないのではないか、と思います。

また、知的障害がある女性が、十分な判断力や行動力がないことからスカウトに狙われ、不本意に性風俗産業に従事してしまうという事態も報じられており、深刻な問題だと思います。虐待などで家庭に居場所がない若い女性が性風俗の仕事に従事している例も多いと聞きます。

「お金のため」と割り切っているつもりでも、スタッフは自分でしていることにみずから傷ついてしまうことはないだろうか。もともと何かに傷ついているから、そこで働いているという女性もいるのではないだろうか。客は、その人の傷つきの上に性的快楽を得ているということにはならないかという疑問を私は捨てられません。性風俗産業で働く人を非難したいのではなく、そういう状況に客が乗じてしまうことのほうに、私の問題意識はあるのです。

なかには「自分はプロ意識をもって性風俗の仕事をしていて、傷ついたりしない。あえて性風俗店の仕事を選んでいる」というスタッフもいるかもしれません。でも実際には、目の前のスタッフがほんとうにそういう人かどうか、客のほうではわからないでしょう。

そして、多くの性風俗産業の場合、そのお金は女性の雇い主などに多く吸い上げられているということも事実です。「搾取」といいますが、結局、男性たちの性欲をわかりやすい刺激でかきたて、女性の生身の体を使って男性からお金を吸い上げるという経済的なシステムに、客として加担することになるのだという認識はもっておいてほしいと思います。

本来は社会福祉につながって助けられるべき貧困状態にある女性が、なんらかの事情で福祉にはつながらず、性風俗産業での仕事が「セーフティーネット」になっている面があると言う人もいます。実際には性風俗産業での仕事には危険も多いでしょうから、安全ではない「セーフティーネット」などというのは矛盾ですし、事業者も福祉事業としてやっているわけではないでしょう。それでも、いろいろな事情でこの仕事が必要だと感じて従事している当事者は現にいるでしょう。

このテーマはとても複雑でデリケートで、うかつに語ると傷つけてしまう人がいそうで、言葉にするのはほんとうに難しく、悩みます。それでもあえてここで言葉にしたのは、少なくとも、そういうことを何も考えないで性風俗店を利用するという行動だけはとらないでほしいと思うからです。よく考え、自分なりの倫理観で出した結論に従った行動をとってほしいと思っています。

「男性であること」だけで「特権」があることを知ってほしい

性差別構造が強い社会に生まれた以上、自分で選んで男性に生まれてきたわけではなくても、「男性である」というだけで、性差別構造のもとでは「特権」的立場にあります。これからの男の子や男性には、その特権を行使して、性差別や性暴力に積極的に抗ってほしいのです。

でも、好きで男に生まれたわけでもないし、自分より気が強くて成績もいい女の子もたくさんいるのに。自分だってつらいことが多いし、男だということでむしろ損をすることだってあるのに。それなのになぜ自分が性差別について声をあげないといけないの？と思うでしょうか。

マジョリティの特権について研究する出口真紀子さん（上智大学准教授、文化心理学）は、「特権」を「ある社会集団に属することで労無くして得られる優位性」と定義しています（☆3）。

マジョリティ／マイノリティという言葉は、普通「多数派／少数派」と訳されるので、数の上ではほぼ同数の男性と女性をこう呼ぶのは違和感があるかもしれません。でも、マジョリティ／マイノリティには、社会的な地位の上での優位／劣位という意味合いもあります。その意味では女性は、女性というだけで、暴力を受けやすく、下に見られ、侮《あなど》られやすいという意味で、やはりマイノリティなのです。

女性の多くは男性より体格、体力面で劣るので、男性には物理的にかなわないという身体感覚があります。駅などで、女性ばかり選んでわざとぶつかる男性がいるのが少し前に話題になりました。「女性ならやりかえしてこないだろう」と侮って嫌がらせをしていたわけです。

男性の多くは、夜道を歩いているときや満員電車でも、性被害に遭うことを心配したりしていないでしょう。私は実際に何度も性被害に遭っていますし、同じ女性の被害を見聞きすると他人事には思えませんから、いつも安全に気を使い、警戒しながら暮らしています。一人暮らしのときはオートロックマンションで3階以上の部屋を探していましたし、歩くのが不安なときはタクシーを使うなど、安全のためにコストも払っています。

知人の男性が、学生時代の貧乏旅行で、ホテルもとらずに車で旅行し、宿が見つからなければテントを張るか車中泊した、と話すのを聞いて、とてもうらやましく思いました。そんな怖いこと女性にはできないと思ったからです。そんなことをしたら性犯罪被害に遭うかも、という警戒を男性はしないで過ごせているのだなと思いました。

就職活動をするときも、転勤があったら家庭生活との両立が難しいのではないかとか、子育てしながら働いている女性の先輩はどれくらいいるのか……といったことが、女性にはとても気になる情報です。そういうことを男性はほとんど気にせずに生きられているでしょう。

社会学者のケイン樹里安《じゅりあん》さんは、「『気づかずにすむ人々』『知らずにすむ人』『傷つかずにすむ人』こそが、特権を付与されたマジョリティである」と書いています（☆4）。これにならえば、世の多くの男性はこうした女性の不安や悩みについて「気づかずにすむ／知らずにすむ／傷つかずにすむ」人であり、やはり「マジョリティ」なのです。

「特権」をもつ側としての責任を行動で果たすこと

現実的ではないでしょうが、いっそのこと男性も、女装してしばらく生活してみたら、女性として暮らすというのがどういうことか実感できるのでは……と思います。実際に女性として暮らしてみたら、社会から受ける扱いが違うことを体感したという経験談は、本やネット上にもいろいろあります。たとえば、会社員の男性が、間違って女性の名前で取引先にメールを送ったら相手の対応がまったく違った、という経験談があります（☆5）。

そのように、個人としては女性蔑視意識がないつもりでも、性差別構造のある社会で生きている以上、女性が女性というだけで感じている恐怖や不利益、不快感を、男性だというだけで受けずに済んでいる……という状況は現にあるのです。これはやはり男性の「特権」です。

同じことを言っていても、女性より男性の言葉のほうが聞き入れられやすいということもあります。性差別について女性が指摘すると「感情的でヒステリックな要求」と受けとめられがちで、バッシングを受けることもしばしばあります。他方、マジョリティである男性が言うと、女性ほどのバッシングは受けず、女性より意見が通りやすいのです。

性差別のみでなく、あらゆる差別でそうだと思いますが、差別をなくすためにはマジョリティ側が差別構造に気づき、問題視して、変えようと具体的に動くことが非常に重要です。

このことについて考えさせられることが、最近の「Black Lives Matter」運動の中でもありました。

2020年5月25日、アメリカのミネソタ州ミネアポリスで、黒人男性のジョージ・フロイドさんが警察官によって路上に押しつけられ、首を圧迫されて死亡するという衝撃的な事件が起きました。これに対する大きな抗議行動がアメリカの各地で起き、大変な状況になっています。

そんな渦中でTwitterに投稿されたある写真には、座り込んで抗議する黒人プロテスターを守るために、白人たちが腕を組んで列をつくり、警察と対峙している姿がありました。投稿者はこれについて「This is what you do with privilege.（これが特権の使い方）」と記していました（☆6）。

みずから選んで白人に生まれたわけではなくても、自分がいる状況下でマジョリティ側の特権をもっているなら、それを行使して不正義を正していかなくてはならない。性差別についても同じで、マジョリティである男性側の理解と当事者意識、具体的な動きが必要なのです。

「自分は女性差別なんてしていない。それなのに、これ以上何かしなくてはいけないのか」というような言い方もありますが、個々人として性差別的意識がない男性がいるというだけでは、社会の性差別がなくなったことにはなりません。

出口真紀子さんによれば、差別には次の三つの形態があります。私なりに少し言葉を補うと、以下の通りです。

①直接的差別……相手を直接侮辱したり、排除したりする行為

②制度的差別……法律、教育、政治、メディア、企業といった制度の中でおこなわれるシステマティックな行為

③文化的差別……属性によって、美しさやふるまいなどについて適用される基準が違ったり、差別について語ること自体がしづらい風潮など

「自分は女性差別などしていない」というのは、その人が①の直接的差別をしていない、ということに過ぎず、だからといって②の制度的差別や③の文化的差別がないということにはならないのです。②や③の形態の差別があるということを認め、これらの形態の差別もなくしていく

努力をしなくてはいけない。これは社会の構成員みんなの責任ですし、とりわけマジョリティ側にいる男性の行動にかかっている部分が大きいのです。

でも、いったい何をすれば？　と戸惑うかもしれません。最初から大きなことはしなくていいのです。まずは、性差別について意見を言っている人の声に耳を傾け、理解しようとすること、そして何をできるか考え続けるということが第一歩です。たとえば、女性が痴漢被害について話しているとき「痴漢冤罪もあるよね」などと割り込む大人がいるのですが、これは女性の話を聞かない典型例なので反面教師にしてください。別の話題は別のときにして、まずは性差別や性暴力を訴える声をよく聞くことから始めてください。

何もしないことは不正義に消極的に加担するということ

目の前に性差別や性暴力があって、できることがあるのに何もしないということは、消極的に不正義の状況に加担するということです。「中立」というスタンスはないのです。

性暴力をなくそうというキャンペーンのためにカナダのオンタリオ州が発信した動画で「Who Will You Help?（あなたは誰を助ける？）」というものがあります（☆7）。パーティーのような場所で、泥酔した女性に性的嫌がらせをしている男性がいて、その加害男性が突然カメラを向いて「黙っててくれてありがとう」と言うのです。他にもいくつかの性的嫌がらせの場面で同様に、加害男性が行為の最中、突然カメラを向いて「無視してくれてありがとう（おかげで続けられるよ）」というメッセージを発します。最後に流れる字幕には、

「When you do nothing, you're helping him. 何もしないなら、彼（加害者）を助けたことになる。

But you do something, you help her. でも、何かしたら、彼女（被害者）を助けられる。

Who will you help? あなたは誰を助ける？」

という言葉が流れます。目の前に差別や暴力が展開しているとき、何もしないというのは加害者側に加担することだというのが、とてもよく伝わる動画です。

案外ささいなことで、被害予防や被害者の助けになれることはたくさんあります。たとえば、夜の電車で泥酔した女性がいて、それをじっと見ている男性のようすが不審だったら、わざと大きめの声で女性に声をかけて「大丈夫？　誰か迎えに来てくれる人はいるんですね？」と話しかけてみるとか（私が実際にやったことがある方法です）。自分でできなければ駅員や、近くにいる女性から声をかけるように頼むこともできるでしょう。

痴漢に気づいたときも、いきなり「何をしているんだ」と加害者の腕をつかむまではできなくても、被害者とのあいだに物理的に割り込んだり、女性に「知り合いですか？」と書いたスマホ画面を見せるくらいはできるでしょう。

オーストラリア・ビクトリア州の啓発動画（☆8）には、電車内で女性をじっと凝視する男性に気づいた他の乗客の男性が、介入すべきか否かと内心の自問自答をした結果、凝視する男性と女性のあいだにそっと立ち、気づいていることをアピールするようすが描かれています。たったこれだけのことで、不快な行為をやめさせることができる、という具体例です。

とはいえ、常に適切な行動をとれることばかりではないでしょう。自覚がないまま差別的な言動をしてしまい、誰かに指摘されて、いたたまれない思いをすることもあるかもしれません。

性差別について怒っているつもりだったのに、女性から「あなたのその言葉は差別的」と指摘されてショックを受けたり、ふてくされたような態度をとる男性をときどき見ます。自分の差別的言動を認めるのは苦いことですが、客観的に自分の行動を見て、誤ったことをしてしまったと思ったら認める勇気をもち、謝罪すべきことは謝罪しましょう。そうやって自分をバージョンアップし続けていくしかないのです。私自身も、自分の中の差別意識や加害性に気づくきっかけがあれば、苦いことですが謙虚にそれに向きあう勇気をもって、自分をバージョンアップするために考え続けていかなくてはいけないと思っています。

社会は変えられると知ってほしい

いまでは考えられませんが、1990年ごろは、生命保険会社の営業の人が顧客にサービスとして女性のヌード写真のカレンダーを配る風習がありました。もらった側も、それを会社の机上に堂々と飾ったりしていたのです。いまどきこんな職場があったら「環境型セクシャルハラスメント」として問題視され、雇用主が放置していたら法的責任も問われかねません。

5章でも少し言及した「行動する女たちの会」は、90年10月、三井生命に対して質問状を送り、「職場でこのようなカレンダー類を目にする女性はどのように感じるとお考えですか」と問題提起しました。話し合いの結果、三井生命はカレンダーの図柄を変更しました。

また、以前の温泉旅館では、男湯のほうが広くて露天風呂つきで立派で、女湯は質素というのがよくありました。これも日常生活で当然のようになっていた性差別でした。行動する女たちの会は、全国の温泉旅館に質問状を送るなどして、男湯と女湯を日替わりにするという方法で、男女平等な運用がはかられることになったのです。

行動する女たちの会は、性差別を感じる企業広告ポスターなどについて、公開質問状を送るなどして積極的に意見を届け、対話する機会をつくりました。その結果、問題視されたポスターやCMは中止になったり、内容が変化するなどの成果がもたらされました。

しかし、行動する女たちの会のこうした問題提起は、当時の週刊誌などで冷ややかに見られ、バカにされ、笑われました。「女は子宮で考える」とか「モテない女のひがみ」「女のヒステリー」といった嘲笑が浴びせられました。

職場にヌードカレンダーを置くのは非常識だとか、そんな当然のようになっていることが、実は私たちの前に、嘲笑を受け、バカにされながらも社会をより良くしようと動いた人たちの成果である、ということはたくさんあります。いまでは当然の女性参政権も、それがなかった時代に要求した女性たちは、嘲笑され、危険人物扱いさえされました。笑われ、バカにされることと自体は嫌なことではありますが、時が経てば、実は嘲笑したりバカにしていたほうこそおかしかった、と社会の価値基準が変わったりもするのです。いまの世の中の問題も、待っていたら誰かがなんとかしてくれるとか、社会が自然にいいほうに「変わる」ということはありません。自分で動いて「変えられる」ものだということを、女の子も男の子もぜひ知ってください。

これはもちろん、性差別や性暴力のみについて言えることではありません。どんなテーマについても言えることですが、自分がマジョリティ側に立っている問題でも、その時どきに自分ができる方法で、積極的に動くことができるような大人になってほしいと願っています。

対等な関係性を築けるようになってほしい

ついつい、たくさんの希望を並べてしまいました。

まだ小学生の息子たちに、右に書いたことすべてをいきなり理解させられるとは思いません。でも、段階を追って伝え、成人するまでにはこうしたことを理解しておいてほしいと思っています。

差別意識は誰の中にもあるものです。ことに性差別は、あまりに日常的なために、それと意識しない限り無意識に内面化してしまうのでしょう。優秀なビジネスマンや、人権や社会変革の高い理想を語るリベラルな活動家でも、性差別に関してはきわめて古い価値観をもち、自分の加害行為にも鈍感という例を私自身、数多く目にしてきました。

誰であれ、大人になる過程のどこかで、ジェンダーや性差別の構造について知識として学ばなければ、自然に克服はできないということだと思います。少しでも人生の早い段階で知っておければ、失敗も少なくなると思いますし、その先もずっと意識し続けてほしいと思います。

私が求めていることは、要約すれば、決して特別なことではないと思います。

女性を人間として、ふつうに尊重すること。

「男らしさ」を競うことをやめ、「男らしくない」人をバカにしないこと。

自分の孤独や不安を、勝手に自分より「下」と決めつけた他人を貶めることで紛らそうとしないこと。

さまざまな差別は、自分より下だと勝手に思う属性を作り出し、その属性をもつ人を貶めることによって自分の不安を紛らそうとする、人間の弱さから生じているのではないかと思います。だから、他人と比較して上か下かという価値観をリセットして、できるだけフラットな関係性を構築できるように意識してほしい。いつも教える側ではなく、教えることも教えられることもある関係。助けることも、助けられることもある関係。同じ人間なら、それが自然ではないでしょうか。

常に自分が「上」でないと心が落ち着かないというのは、不健全で不幸なことです。これからの男の子の皆さんは、女性と対等でフラットな関係性を築けるようになってください。

「新しい常識」をつくって、一緒に社会を変えていきたい

性やジェンダーに関する意識を育てる上で、家庭が与える影響は多大ですが、家庭だけでできることには限界もあります。それなりの年齢になれば、親の言うことなんて話半分にしか聞いてくれなくなるでしょう。周囲の友達や大人、テレビやインターネットを通じて刷り込まれるものを完全にブロックすることもできません。

だから、親が頑張るだけではなくて、社会全体から性差別的な価値観を払拭していくしかないのです。たまたま私の息子が加害者にも被害者にもならずに済んだとしても、それだけでは

不十分です。社会全体の「常識」がアップデートされてようやく、誰もがほんとうに性差別や性暴力の加害者にも被害者にもならない世界が実現できるのだと思います。

そのためには、一人ひとりが「おかしい」と思うことに対して声をあげるしかありません。地道なことですが、それが長い時間の先には実を結んでいくと信じています。

前に書いた通り、かつて「スカートめくり」はアニメやマンガでしばしば描かれ、私の通っていた幼稚園や学校でも実際に見かけました。でも、いまでは現実でもマンガでも、ほとんど聞きません。これはやはり、名もない市民が「スカートめくりなんてしてはいけない、性暴力だ」ということを口にして、その積み重ねを通じて「やっぱりよくないよね」という意識が社会全体として醸成された結果だと思います。社会の自浄作用が働いて、性暴力の一形態が激減したということでしょう。こういうことは法律ではなく、議論の積み重ねによって変えていくべきものだと思います。

正直なところ、性暴力・セクハラ事件を数多く見てきた経験から、加害者が根本的に悔い改め、変わることができるかにはかなり懐疑的になってしまっています。人はなかなか変えられません。でも、社会の常識はアップデートし変化させていくことができ、それによって人の行動様式や考え方が変わっていく、ということはあると思います。そのためには、若い世代への適切な教育、情報提供が必須です。性別や世代をこえて意見交換を重ね、性差別的ではない

「新しい常識」を少しずつつくっていくことは、これからもできるのではないでしょうか。

私の周囲で見聞きする限りでも、いまの20代や30代の若い男性は、その父親世代よりも家事や育児を柔軟に分担する傾向があると感じます。私の息子やその同世代の男の子たちが、この社会の差別構造を認識し、女性と一緒にたたかってくれるようになれば、旧世代の退場とともに、日本社会はずいぶんと変わるのではないでしょうか。

それは、次世代の女性たちのために、私たちの世代がしなくてはならないことでもあります。かつて先人たちは、長いたたかいの末に女性参政権や、女性が男性と対等に働く権利を勝ち取って、私たちに手渡してくれました。それでもまだ性差別はありますが、先人が残してくれたものは、いまを生きる私たちの自由を支えてくれています。

ならば、私たちの世代が次世代にレガシー（遺産）として残せるものはなんだろうと考えるなら、とくに男の子を育てている者としては、「わが子を差別的な男性にさせないこと」と同時に、「性差別や性暴力に怒り、一緒にたたかってくれる男性をもっと増やすこと」なのではないか。

そんなことを考えて、この本を書きました。

☆1 「We Believe: The Best Men Can Be」Gillette（https://www.youtube.com/watch?v=koPmuEyP3a0）
☆2 西井開「男性は『見えない特権』と『隠れた息苦しさ』の中で、どう生きるか」『現代ビジネス』２０２０年3月8日（https://gendai.ismedia.jp/articles/-/70882）。
☆3 「立場の心理学：マジョリティの特権を考える」上智大学 OPEN COURCE WARE、２０１６年度秋学期（https://ocw.cc.sophia.ac.jp/lecture/20160929gse65980/）。
☆4 ケイン樹里安「『人種差別にピンと来ない』日本人には大きな特権があるという現実」『現代ビジネス』２０２０年6月26日（https://gendai.ismedia.jp/articles/-/73518）。
☆5 安田聡子「女性の名前で仕事のメールを送ってみたら…見えない差別に気づいたある男性の話」『ハフポスト日本版』２０１７年３月17日（https://www.huffingtonpost.jp/2017/03/14/man-signed-work-emails-using-a-female-name_n_15352470.html）。
☆6 https://twitter.com/kyblueblood/status/1266368755635896322
☆7 「Who Will You Help? Sexual Violence Ad Campaign」（https://www.youtube.com/watch?v=opPb2E3bkoo）
☆8 「Respect women: call it out –active bystander」（https://www.youtube.com/watch?v=UHxAxRYIlfE&）

あとがき

性差別社会で男の子を育てる難しさについて、インタビューに答える形ではじめて言葉にしたのは2018年12月でした（「性差別社会と親子でどう向き合うか?」『imidas』掲載）。これには、「もやもや思っていたことが言葉にされていました!」という賛同の反応を多く感じました。

その後、雑誌『VERY』2019年1月号（光文社）が「『きちんと家のことをやるなら働いてもいいよ』と将来息子がパートナーに言わないために今からできること」というタイトルの記事を掲載し、私も興味深く読みました。このタイトルからは、家事や育児の分担に関して夫との衝突に疲れ果て、「もうこの人は子どものころからやり直してもらわないと無理だ。息子にはこうならないでほしい」とため息をついている、多くの女性たちの姿を思い浮かべずにいられませんでした（離婚案件で私がしばしば見る女性たちでもあります）。

同年3月には、『ボーイズ　男の子はなぜ「男らしく」育つのか』（レイチェル・ギーザ著、DU BOOKS）が日本で出版されました。同性のパートナーとともに男の子を育てる筆者の、性差別社会の中で息子を育てる難しさに悩む気持ちと、これからの男の子たちの自由で幸せな人生をと願う気持ちに、強く共感しました。

『LEE』2020年2月号（集英社）には「言ってませんか？〝男だから〟〝女だから〟暮らしの中で無意識に性差別してるかも⁉」というタイトルの、子育てにおけるジェンダーバイアスをとりあげた記事が掲載されました。

このようなことからも、「男性のつらさを減らすためにも、性差別をなくすためにも、男の子の育て方がキーになる」ということを、多くの人、とくに男の子の子育てにかかわっている人たちが思いはじめている時代状況を感じています。

そんな中で、「男の子の子育てでこういうことを悩むんですよね、どう教えればいいんでしょうね？」と、子育て現役の当事者として口火を切るような思いで文章にしたのがこの本です。

性差別やジェンダー格差が問題にされるとき、注目され、エンパワーの対象となるのはもっぱら女性や女の子であって、男性や男の子ではありません。つまり、まるで性差別構造は「女性にとっての問題」であるかのように扱われがちだと思います。もちろん、性差別によって直接の不利益、深刻な悪影響を受けるのは女性で、この問題では女性が当事者であるのは間違いないことで、私自身ずっと女性として性差別について考えてきました。

ですが、2人の息子の親となって、彼らは彼らで性差別問題の当事者として生きていくことになる、ということについて、いろいろ思うようになりました。仕事に家事に子育てに……と忙殺される日常の中で、まとまりもなく考えてきたことを、このような形にする機会を得られたことをありがたく思っています。次世代により良い社会を残すためにできることを、同時代を生きる他の方々と一緒に考えるきっかけに、この本が少しでもなれば嬉しいです。

貴重な対談の機会と多くのヒントをくださった清田隆之さん、星野俊樹さん、小島慶子さんに心からお礼申し上げます。絶妙なイラストとデザインを担当してくださったマシモユウさん、後藤葉子さん、そして大月書店の岩下結さんにも感謝申し上げます。

旧来の「男らしさ」に囚われず、かつ、マジョリティとして性差別について物申す――そういう男性の、「あの人みたいになりたい」と後進世代に思わせるようなロールモデルが、日本社会にはまだ乏しいと思います。息子たちを含めこれからの男の子たちは、ロールモデルが乏しいなか、自分なりにそのモデルを創っていく世代なのかもしれません。

親として、大人のひとりとして、彼らの挑戦を心から応援し、期待し見守りたいと思っています。

2020年6月

太田啓子

著者
太田啓子（おおた　けいこ）
弁護士。2002年弁護士登録，神奈川県弁護士会所属。離婚・相続等の家事事件，セクシャルハラスメント・性被害，各種損害賠償請求等の民事事件などを主に手がける。明日の自由を守る若手弁護士の会（あすわか）メンバーとして「憲法カフェ」を各地で開催。2014年より「怒れる女子会」呼びかけ人。2019年には『DAYS JAPAN』広河隆一元編集長のセクハラ・パワハラ事件に関する検証委員会の委員を務めた。
共著に『憲法カフェへようこそ』（かもがわ出版），『これでわかった！ 超訳特定秘密保護法』（岩波書店），『日本のフェミニズム　since1886 性の戦い編』（河出書房新社，コラム執筆）。

カバー・本文イラスト　マシモユウ
ブックデザイン　後藤葉子（森デザイン室）
DTP　編集工房一生社

これからの男《おとこ》の子《こ》たちへ
「男らしさ」から自由になるためのレッスン

2020年8月21日　第1刷発行
2024年10月5日　第14刷発行

定価はカバーに表示してあります

著　者　太田啓子
発行者　中川　進

〒113-0033　東京都文京区本郷2-27-16
発行所　株式会社　大月書店
印刷　三晃印刷
製本　中永製本
電話（代表）03-3813-4651　FAX 03-3813-4656　振替00130-7-16387
http://www.otsukishoten.co.jp/

ISBN978-4-272-35047-6　C0036　Printed in Japan